図解 法律相談ですぐ使える！

相続分・遺留分はやわかり

［弁護士］松原正明・浦木厚利・太田和範

学陽書房

はしがき

　本書は、弁護士、司法書士、税理士、行政書士、調停委員や相続の法律問題に関心のある一般の方々に対して、相続人及び法定相続分・指定相続分・遺留分の割合について、一覧かつ簡潔に解説することを目的とする。

　民法は、相続人については、第5編第2章相続人886条以下に、相続分については、同編第3章第2節相続分900条以下に、遺留分については、同編第9章1042条以下にそれぞれ規定している。条文の正確な理解により、相続人及び法定相続分・指定相続分・遺留分の割合の完全な知識が得られる。

　しかし、条文の読み方や解釈は相続関連の問題に習熟していない者にとっては必ずしも容易でないことから、誤った理解をするおそれがあり、また、経験がある者であっても、思いもかけない勘違いから、誤った結論を抱いていることもある。これらの問題は民法の概説書に記述されていることは言うまでもないが、これに特化して解説している書籍は見当たらない。

　本書は次のような特色を有する。

①基本編、応用編及び発展編に大別した上、57のパターンに分類して、各見開き2頁で、左頁で身分関係図と割合を示す図によって結論を示し、右頁でその理由を簡明に解説している。

　「こちらもCHECK！」は、敷衍した問題や間違いやすい事例についての注意喚起をしている。

　「ステップUP！」は、必ずしも、解説と併せて読むことは想定されておらず、興味を引かれた際に、お読みいただきたい。

②本文に記載したパターンのほか、巻末にビジュアル事例抄録を掲載してある。これはより一層具体化した実際の事案である。

③パターン40「相続分の放棄（相続分の譲渡への引き直し）」とパターン45「相続分の指定と特定財産承継遺言」とは、争いのある問題についての解説であって、見開き2頁を超えた異質な叙述となっているが、見解に争いのあるケースにおいて執筆者が一定の見解を示したものと理解いただきたい。

　本書が、弁護士、司法書士、税理士、行政書士、調停委員や相続の法律問題に関心を有する一般の方々などの参考になることを期待している。

　令和6年3月

　　　　　　　　　　　　　　　　　執筆者代表　　松　原　正　明

CONTENTS

まずは押さえたい
法定相続分　基本編

より複雑な
法定相続分　応用編

第 **3** 章

最も困難な
法定相続分　発展編

第 4 章 指定相続分

第 5 章 遺留分

ビジュアル事例抄録

凡例

本文中、法令等や資料、判例を略記した箇所があります。以下を参照してください。

■条文
本文中の条文は特に断りがない限りは、民法を指しています。

■判例
最判（決）	最高裁判所判決（決定）
高判（決）	高等裁判所判決（決定）
地判（決）	地方裁判所判決（決定）

■資料
民集	最高裁判所民事判例集
判タ	判例タイムズ
家月	家庭裁判所月報

■書籍
判例先例 I・II　松原正明『全訂第2版 判例先例 相続法 I・II』（日本加除出版、2022年）

■判例の略記
判例は、以下のように略記して示しています。

〈略記〉最判平成12年3月10日判タ1037号108頁

〈正式〉最高裁判所判決平成12年3月10日判例タイムズ1037号108頁

■相続関係図の表記

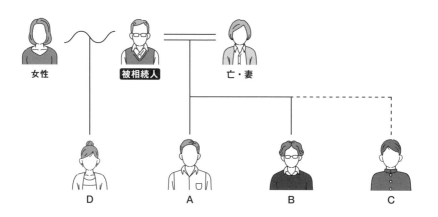

・＝（二重線）は、婚姻関係を示しています。

・～（波線）は、婚姻関係にないことを示しています。

・―（実線）は、実親子関係を示しています。

・---（破線）は、養親子関係を示しています。

・上図では、「被相続人には妻との間に子A、子Bがおり、養子であるCが
　いる。妻はすでに亡くなっている。また、女性との間に婚外子である子D
　もいる」ことを示しています。

第 1 章

まずは押さえたい
法定相続分
基本編

子のみ

事例

被相続人には子Aが1人いる。配偶者である夫はすでに亡くなっている。この場合の相続人は誰で、相続分はどのようなものになるか。

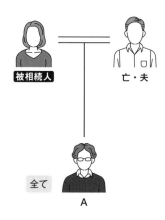

被相続人 亡・夫

全て A

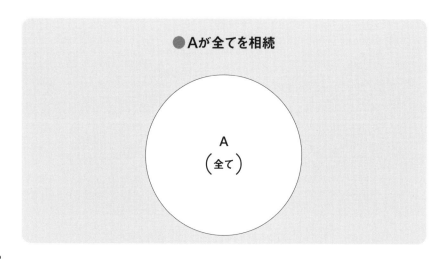

●Aが全てを相続

A
(全て)

887条1項に「被相続人の子は、相続人となる。」とあるように、被相続人に子がいるときは、子が第1順位の法定相続人となる。

したがって、被相続人に配偶者がいるときには、配偶者も常に相続人となる（890条）が、配偶者がいないときは子が単独で相続することになる。

⇒こちらもCHECK！

民法は法定相続人を血族相続人と配偶者相続人の二種に大別し、血族相続人の順位につき、第1「子」及びその代襲相続人（887条）、第2「直系尊属」（889条1項1号）、第3「兄弟姉妹」及びその代襲相続人としている（889条1項2号）。

血族相続人については、先順位の相続人がいない場合に次順位の者が相続人となる。配偶者は、これら第1・第2・第3順位の血族相続人と並んで常に相続人となる（890条）。したがって、被相続人に子がいる場合には、被相続人の両親、兄弟姉妹が存在する場合であっても、両親と兄弟姉妹は相続権を有しない（889条1項）。

なお、被相続人に子が複数名いるときには、「各自の相続分は相等しいもの」となる（900条4号）。相続人が子のみの場合で、子が複数名いるときには、子らがその人数に応じて、相続分を等分することになる。

ステップUP！　相続人の範囲

第1順位の血族相続人は子であり（887条）、子が数人あるときは同順位で相続する。男女の別、戸籍の異同、実子・養子の別、嫡出子・嫡出でない子の別、国籍の有無は問わない。特別養子についても同様で、実親に対する相続権が失われるのみである（817条の9）。

現行法下では、継親子・嫡母庶子関係はなくなり、いずれも単なる姻族1親等の関係になったから、これらの者の間では、相続関係は生じない。すなわち、先妻の子は後妻の相続人ではなく、いわゆる妻の連れ子は夫の相続人ではなく、父の嫡出でない子は父の妻の相続人ではないことになる。

直系尊属のみ

─ 事 例 ─

被相続人は未婚であり、配偶者も子もいない。他方で、被相続人の母Aは存命である。この場合の相続人は誰で、相続分はどのようなものになるか。

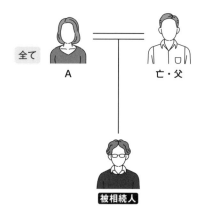

全て　A　亡・父　被相続人

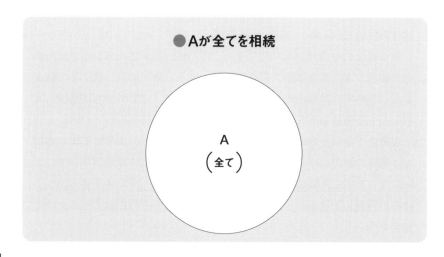

●Aが全てを相続

A
（全て）

　血族相続人のうち、子（及びその代襲相続人）に続く第２順位の相続人は直系尊属になる。

　すなわち、889条１項は、「次に掲げる者は、第887条の規定により相続人となるべきものがいない場合には、次に掲げる順序の順位に従って相続人となる。」と定めており、被相続人に子及びその代襲相続人がいないときには、被相続人の直系尊属が法定相続人となるとしている。

　したがって、被相続人に血族相続人である子も配偶者もいない場合には、存命の直系尊属（父母）が単独で相続することになる。

⇒こちらもCHECK!

　被相続人に直系尊属が複数名いるときには、「各自の相続分は相等しいもの」となる（900条４号）。そのため、相続人が直系尊属のみの場合で、複数名いるときにはその人数に応じて、相続分を等分することになる。

　これは、父母が離婚をしているような場合であっても、同様であり、仮に被相続人が幼いころに両親が離婚をしているような場合で、実際には片親とは極めて疎遠な関係であったとしても、両方の親が法定相続人になる。

ステップUP！　直系尊属の相続人の範囲

　直系尊属について、実親・養親の区別はないため、親等を同じくする直系尊属が数人いるときには共同相続人となり、その相続分は各自等しいものとなる。

　直系尊属の中では親等の近い者が優先することになるため（889条１項１号ただし書）、父母のいずれかが存命であるときには、祖父母は相続人とはならない。

　また、直系尊属には代襲相続が認められていないため、父が死亡していた場合でも、父方の祖父母は相続人とはなれない。この場合は、母のみが相続人となる。

　なお、被相続人の父母が亡くなっている場合で、片方は祖父母ともに存命で、片方は祖父母のうち一名が亡くなっている場合には、その相続分は３分の１ずつとなる（前者が４分の１、後者が２分の１とはならない）。

兄弟姉妹のみ

─ 事 例 ─

被相続人は未婚であり、配偶者も子もいない。両親もすでに亡くなっているが、弟Aが存命である。この場合の相続人は誰で、相続分はどのようなものになるか。

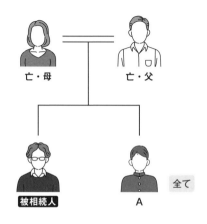

亡・母 ── 亡・父

被相続人　　　A　全て

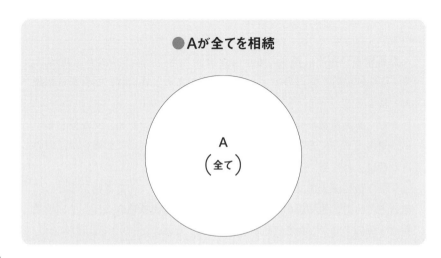

●Aが全てを相続

A
（全て）

子及びその代襲相続人、直系尊属に続く第3順位の相続人は被相続人の兄妹姉妹になる。すなわち、889条1項に「次に掲げる者は、第887条の規定により相続人となるべきものがいない場合には、次に掲げる順序の順位に従って相続人となる。」とあるように、被相続人に子及びその代襲相続人がいないときには、被相続人の直系尊属が第2順位の、兄弟姉妹が第3順位の法定相続人となる。

したがって、被相続人に子も配偶者もおらず、直系尊属もすでに亡くなっている本ケースの場合には、兄弟姉妹が単独で相続することになる。

⇒こちらもCHECK!

被相続人に兄弟姉妹が複数名いるときには、「各自の相続分は相等しいもの」となる（900条4号）。兄弟姉妹のみが相続人の場合で、兄弟姉妹が複数名いるときにはすべて同順位の相続人となり、その人数に応じて、相続分を等分することになる。

したがって、兄弟姉妹が相続人となるのは、被相続人に子及びその代襲相続人、両親がいない場合のみとなる（配偶者の有無とは関係はない）。

また、これらの者がいても、そのすべてが相続欠格または廃除により相続権を有しない場合、あるいは、すべての者が相続放棄をした場合も相続放棄した者は、初めから相続人とならなかったものとみなされる（939条）から兄弟姉妹が相続人となる。

ステップUP❶　全血と半血

父母の双方を同じくする兄弟姉妹であっても（全血の兄弟姉妹）、父母の一方を同じくする兄弟姉妹（半血の兄弟姉妹）であっても、すべて同順位の相続人となるが、同順位であってもその相続分については差がある（900条4号ただし書）。

なお、ここでいう父母とは、実父母だけではなく養父母も含むため、実父母あるいは養父母のいずれかを同じくすれば、全血の兄弟姉妹となる。

配偶者のみ

事 例

被相続人には配偶者である夫Aはいるが子はいない。他方で、被相続人の両親はすでに亡くなっており、兄弟姉妹はいない。この場合の相続人は誰で、相続分はどのようなものになるか。

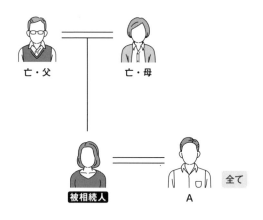

亡・父　　　亡・母

被相続人　　　A　　　全て

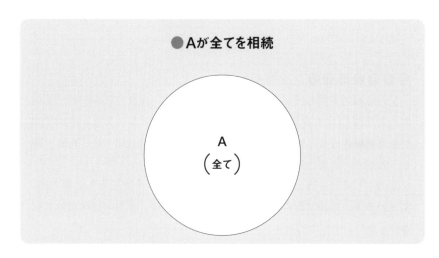

●Aが全てを相続

A
（全て）

　配偶者は、第１～第３順位の血族相続人と並んで、常に相続人となる。

　すなわち、890条は「被相続人の配偶者は、常に相続人となる。」と定め、被相続人に配偶者がいるときは、常に相続分を有する。

　他方で、同条後段に「この場合において、第887条又は前条の規定により相続分となるべき者があるときは、その者と同順位とする。」とあるように、子、直系尊属、及び兄弟姉妹（及びその代襲者）がいるときには、同順位の法定相続人となる。

　したがって、被相続人に子、直系尊属、兄弟姉妹がいない場合には、配偶者相続人が単独で相続することになる。

⇒こちらもCHECK!

　被相続人に子がいない場合であっても、配偶者が単独で相続することにはならない。被相続人に直系尊属または兄弟姉妹がいる場合には、同順位の相続人となることになるため、必ず確認をする必要がある。

　なお、配偶者には、代襲相続は認められていない。そのため、配偶者の一方は他方を代襲することはできない。また、前婚の子を連れ子として再婚した者が亡くなってしまった場合、養子縁組をしていない限りは、連れ子は後婚の配偶者（再婚相手）を相続することはない。

ステップUP!　配偶者相続権

　配偶者は、第１・第２・第３順位の血族相続人と並んで常に相続人となる（890条）。配偶者が血族相続人と同順位に相続し得ることとなったのは、昭和22年の民法改正によってであり、旧民法下の家督相続においては、配偶者の法定相続権はなく、また、遺産相続においても、直系卑属がない場合にのみ、法定相続権が認められていたにすぎなかった。配偶者の相続権は、①婚姻中に、夫婦の協力により財産が形成されたにもかかわらず、夫婦の一方の名義にされている場合が多く、死亡による婚姻の解消に際しその清算をするために、②被相続人が生きていれば、配偶者は扶養を受けられたのに、死亡によりこの扶養が受けられなくなる代償として、認められる。

配偶者と子

事 例

被相続人には子Aと妻Bがいる。この場合の相続人は誰で、相続分はどのようなものになるか。

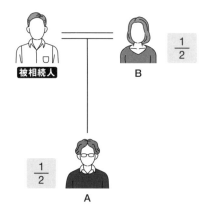

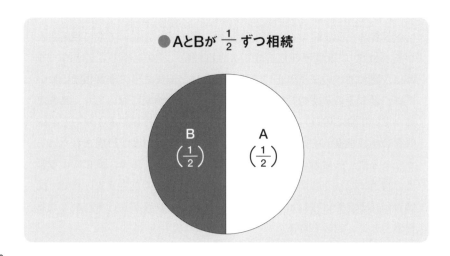

　まず、887条1項に「被相続人の子は、相続人となる。」とあるように、被相続人に子がいるときは、血族相続人のうち子が第1順位の法定相続人となる。

　他方で、890条は「被相続人の配偶者は、常に相続人となる。」と定めており、配偶者がいるときは必ず相続人となる。したがって、被相続人に子と配偶者がいる場合には、双方が同順位の法定相続人となる（890条）。

　そして、子と配偶者が同順位の相続人となる場合のそれぞれの法定相続分について、各2分の1とすると定められており（民法900条1号）、子と配偶者が相続人となるときは、その相続分は2分の1ずつということになる。

⇒こちらもCHECK!

　被相続人に配偶者がいる場合には、配偶者は必ず相続人となるため、相続分の算定にあたって、配偶者の存在を見落としてはならない。

　子と配偶者が相続人となる場合で、子が複数人いるときは、2分の1の相続分を子らにおいて等分することになる（900条4号）。

　同順位の相続人がいる場合の相続分の割合は、900条で法定されている。同順位であるからといって、必ず等しい割合になるわけではないことには注意をする必要がある。

ステップＵＰ！　内縁の配偶者

　890条にいう配偶者とは、法律上有効な婚姻すなわち739条の婚姻届出をした配偶者である。内縁の配偶者はこれに含まれない。したがって、内縁の配偶者は、死亡した他方の内縁の配偶者を相続することはできない。

　しかし、内縁の解消には財産分与の規定（768条）が適用されるとされているので、内縁の配偶者の死亡の場合にも、この財産分の規定が類推できないかが問題となる。もっとも、最高裁（最判平成12年3月10日判タ1037号108頁）は、内縁の夫婦の一方の死亡により内縁関係が解消した場合に、768条を類推適用することはできないとしている。

配偶者と子（再婚）

事例

被相続人には、妻A、子B及び子Cがいる。なお、子Bは死別した前妻との子である。この場合の相続人は誰で、相続分はどのようなものになるか。

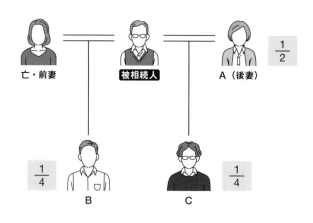

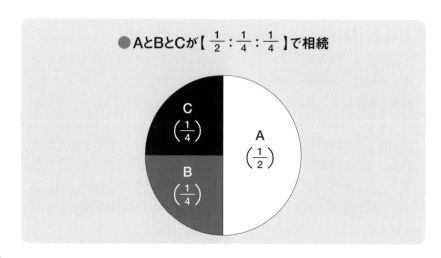

●AとBとCが【 $\frac{1}{2}$: $\frac{1}{4}$: $\frac{1}{4}$ 】で相続

前妻の子と後妻の子も嫡出子であることには違いはない。

この場合、パターン⑤で述べたように、子と配偶者は双方が同順位の法定相続人となり（890条）、それぞれの法定相続分は各2分の1となる（900条1号）。

そして、子が数人あるときは、各自の相続分は、相等しいものとする（同条4号）ため、2分の1の相続分を子らにおいて等分することになる。

したがって、B及びCが4分の1ずつ、配偶者Aが2分の1ということになる。

ステップＵＰ！　相続の開始原因

相続は自然人の死亡によってのみ開始する（882条）。明治民法においては、戸主の地位を承継する家督相続と純粋な財産を承継する遺産相続の二つの相続制度が認められており、後者については、死亡のみが相続開始の原因とされていたが、前者については、戸主の隠居、去家、国籍喪失、女戸主の入夫婚姻など生前における相続開始の原因があった。現行相続法のもとでは相続はすべて財産相続が基本とされ、家督相続制度が廃止されたため、それらの相続開始の原因は認められていない。

自然的死亡のほか、失踪宣告を受けた者も死亡したものとみなされるので（31条）、相続の開始原因には失踪宣告による擬制的死亡も含まれる。国籍の喪失は、開始の原因とならない。

死亡したことが確実とみられるが、死体によって死亡を確認できない場合には、認定死亡という制度がある（ステップＵＰ！75頁、77頁参照）。また、戸籍の取扱いについては、職権によって高齢者の死亡記載がなされることがある（ステップＵＰ！65頁参照）。

相続開始の原因が存する以上、相続人が相続の開始を知ったか否かにかかわりなく、当然に相続は開始する。

子のみ（嫡出でない子を含む）

事例

被相続人には妻との間に子Aがいる。また、婚外子である子Bもいる。妻がすでに亡くなっている場合、相続人は誰で、相続分はどのようなものになるか。

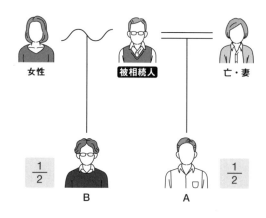

女性　被相続人　亡・妻

$\frac{1}{2}$　B　A　$\frac{1}{2}$

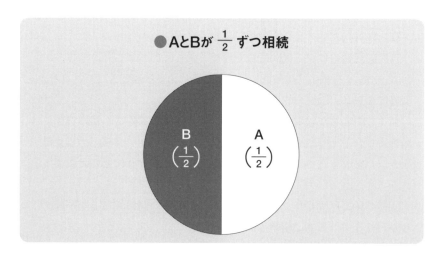

●AとBが $\frac{1}{2}$ ずつ相続

B $\left(\frac{1}{2}\right)$　A $\left(\frac{1}{2}\right)$

解 説

887条1項に「被相続人の子は、相続人となる。」とあるように、被相続人に子がいるときは、血族相続人のうち子が第1順位の法定相続人となる。

また、従来「嫡出でない子の相続分は、嫡出である子の相続分の2分の1とする。」（改正前900条4号ただし書前段）とされていたが、平成25年最高裁判決（最判平成25年9月4日民集67巻6号1320頁。以下「平成25年判決」とする）を受け改正された民法からは同規定は削除された。

これにより、嫡出子であっても婚外子であっても「各自の相続分は、相等しいもの」となる（900条4号）。

したがって、配偶者がすでにおらず、子が複数名いるときには、嫡出、非嫡出にかかわらず、子らがその人数に応じて、相続分を等分することになる。

⇒こちらもCHECK!

「嫡出子」と「非嫡出子」という用語のイメージにとらわれて、いまだに嫡出子と非嫡出子との間に、相続分の差異があると思い込んでしまっているケースがあるため注意を要する。

なお、平成25年の民法改正が適用となるのは平成25年9月5日以後に開始した相続である一方、平成25年判決は、当該事案の相続の開始時である平成13年7月から本決定までの間に開始された他の相続について、「遺産の分割の協議その他の合意等により確定的なものとなった法律関係に影響を及ぼすものではない」として遡及効を制限しているが、逆に言えば、確定的なものとなっていない法律関係については嫡出子と非嫡出子の相続分を同等のものとして扱うことが妥当であると解されている。この点については、個々の事案において注意を要すると考えられる。

また、現行民法では、継親子に基づく相続権を認めていない。先妻の子は後妻の相続人にはならず、先夫の子は後夫の相続人にはならない。あくまで血族たる子にしか相続権は発生しないことに注意をする必要がある。

配偶者と直系尊属

被相続人には、妻Aがいるが子はいない。他方で、母Bは存命である。この場合の相続人は誰で、相続分はどのようなものになるか。

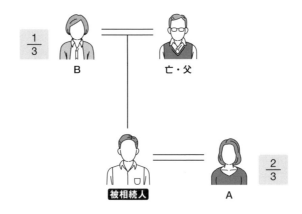

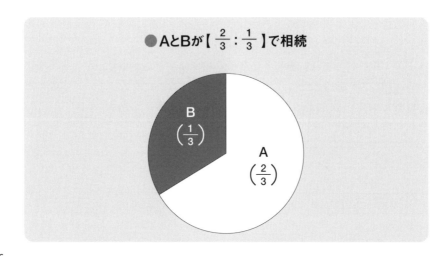

●AとBが【$\frac{2}{3} : \frac{1}{3}$】で相続

まず、890条は「被相続人の配偶者は、常に相続人となる」と定めており、配偶者がいるときは必ず相続人となる。

他方で、血族相続人の中で子がいない場合には、被相続人の直系尊属が相続人となり（889条1項1号）、配偶者と直系尊属が同順位の法定相続人となる（890条後段）。

そして、配偶者と直系尊属が同順位の相続人となる場合、配偶者の相続分は3分の2、直系尊属の相続分は3分の1とすると定められている（900条1号）。

したがって、配偶者と直系尊属が相続人となるときは、その相続分は、配偶者が3分の2、直系尊属が3分の1ということになる。

⇒こちらもCHECK!

配偶者と直系尊属は同順位の相続人ではあるが、法定相続分は等しいわけではない（900条）。このとき、直系尊属が複数名（両親とも存命）であるのであれば、各自の相続分は相等しいものとなる（同条4号）。

例えば、配偶者と直系尊属2名が相続人となるときは、その相続分は、配偶者が3分の2、直系尊属である両親が各6分の1ということになる。

ステップ**U**P！　法定相続情報証明制度①

被相続人が死亡して相続が開始した場合、法定相続人は、相続財産である土地・建物の登記名義の変更、預貯金の引出し等の手続をしなければならない。被相続人の法定相続人を確認するためには、通常被相続人の出生から死亡時までの戸除籍謄本等が必要である。

したがって、この戸除籍謄本等の束を、登記所や銀行等の相続手続を取り扱う各種窓口に何度も出し直さなければならない。この一連の手続きは、相続人にとり、相当の負担となる。そこで、この一連の手続の簡素化のため、平成29年5月29日、法定相続情報証明制度が設けられた。

配偶者と兄弟姉妹

事例

被相続人には、妻Aがいるが子はいない。また、両親はすでに亡くなっているが、妹Bは存命である。この場合の相続人は誰で、相続分はどのようなものになるか。

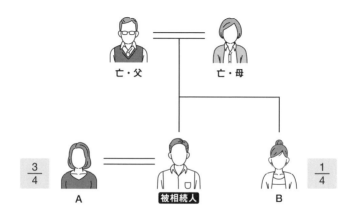

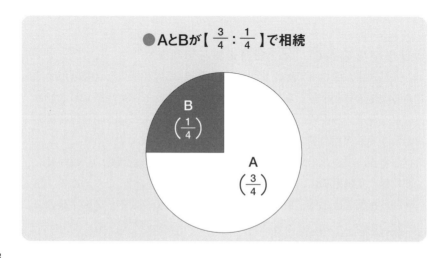

● AとBが【 $\frac{3}{4}$: $\frac{1}{4}$ 】で相続

　まず、890条は「被相続人の配偶者は、常に相続人となる」と定めており、配偶者がいるときは必ず相続人となる。

　他方で、血族相続人のうち子及び直系尊属がいない場合には、被相続人の兄弟姉妹が相続人となり（889条1項1号）、配偶者と兄弟姉妹が同順位の法定相続人となる（890条後段）。

　そして、配偶者と兄弟姉妹が同順位の相続人となる場合、配偶者の相続分は4分の3、兄弟姉妹の相続分は4分の1とすると定められている（900条3号）。

　したがって、配偶者と兄弟姉妹が相続人となるときは、その相続分は、配偶者が4分の3、兄弟姉妹が4分の1ということになる。

⇒こちらもCHECK!

　配偶者と兄弟姉妹は同順位の相続人ではあるが、法定相続分は等しいわけではない（900条）。

　兄弟姉妹が複数名であるのであれば、各自の相続分は相等しいものとなる（同条4号）。

　例えば、配偶者と兄弟姉妹2名が相続人となるときは、その相続分は、配偶者が4分の3、兄弟姉妹が8分の1（4分の1×2分の1）ずつということになる。

ステップUP！　法定相続情報証明制度②

　法定相続情報証明制度は、登記所（法務局）に戸除籍謄本等の束を提出し、併せて相続関係を一覧に表した図（法定相続情報一覧図）を提出すると、登記官がその一覧図に認証文を付した写しを無料で交付する。その後の相続手続は、法定相続情報一覧図の写しを利用することで、戸除籍謄本等をその都度集めて銀行など関係機関に提出する必要がなくなる。

胎児の扱い

事例

被相続人には妻Aがおり、相続開始時にAは被相続人の子Bを妊娠中であった。この場合の相続人は誰で、相続分はどのようなものになるか。

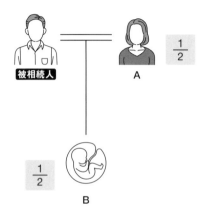

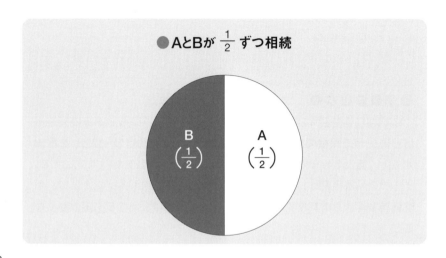

● AとBが $\frac{1}{2}$ ずつ相続

886条1項は「胎児は、相続については、既に生まれたものとみなす。」と規定している。したがって、相続開始時に、胎児であった者についても相続資格が認められる。

その上で、被相続人に血族相続人である子がいるときは、子が第1順位の法定相続人となり（887条1項）、他方で、「被相続人の配偶者は、常に相続人となる」（890条）ため、子と配偶者が同順位の法定相続人となる。

そして、子と配偶者が同順位の相続人となる場合のそれぞれの法定相続分については各2分の1となる（900条1号）。

したがって、胎児と配偶者が相続人となるときは、その相続分は2分の1ずつということになる。

⇒こちらもCHECK!

胎児の段階で、相続放棄及び遺産分割協議ができるかが問題になるところ、これを「既に生まれたものとみなす。」の解釈につきいずれの立場に立ったとしても否定するのが相当とされる。この点は、パターン⑪のステップUP！も参照。

ステップUP！　胎児①

相続は被相続人死亡の時（相続開始時）に被相続人の財産が相続人に承継されることをいうのであるから相続人たり得るためには、被相続人死亡の時に権利能力を有している必要がある。

しかし、権利能力は出生により初めて取得されるものであるから（3条1項）、相続開始の時において懐胎されてはいるが、いまだ出生されていない者すなわち胎児は権利能力者ではなく、したがって、相続能力を有さず、相続人となり得ないことになる。しかし、それでは、胎児の権利が保護されないことから、「胎児は、相続については、既に生まれたものとみなす」（886条）とされている。

死産だった場合の胎児の扱い

事例

被相続人には妻Aがおり、相続開始時にAは被相続人の子を妊娠中であった。他方で、被相続人の母Bも存命である。相続開始後にAが被相続人の子を死産してしまった場合、相続人は誰で、相続分はどのようなものになるか。

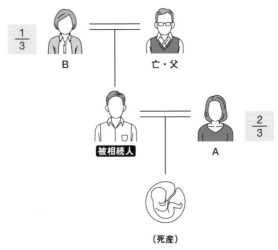

（死産）

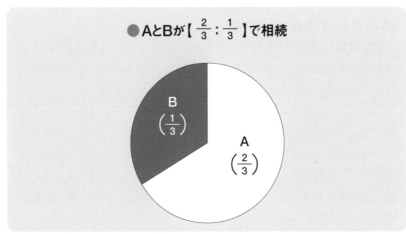

● AとBが【 $\frac{2}{3}$ ： $\frac{1}{3}$ 】で相続

886条1項は「胎児は、相続については、既に生まれたものとみなす。」と規定している。したがって、相続開始時に、胎児であった者についても相続資格が認められる。しかし、同条2項により死産であったときには同規定の適用はない。そのため、被相続人の子については、相続開始時にさかのぼって相続人ではなかったとの扱いとなる。

そこで、相続人は、被相続人の配偶者A（890条）と被相続人の直系尊属Bとなり（889条1項1号）、配偶者と直系尊属が同順位の法定相続人となる（890条後段）。そして、配偶者と直系尊属が同順位の相続人となる場合、配偶者の相続分は3分の2、直系尊属の相続分は3分の1とすると定められている（900条2号）。したがって、胎児が死産となった場合に、配偶者Aと直系尊属Bが相続人となるときは、その相続分は、配偶者が3分の2、直系尊属が3分の1ということになる。

⇒こちらもCHECK！

886条1項の擬制は、胎児が生きて生まれたことをその前提とするものであるから、胎児が相続開始後に死亡して生まれた場合には、不要である。その意味で、886条2項は注意規定であるが、立法担当者は、その反対解釈である「胎児は生きて出生すれば相続権がある」と解釈することに意味があるとする（『判例先例Ⅰ』144頁）。

ステップＵＰ！　　胎児②

886条の解釈については争いがあり、胎児である間は相続能力はなく、胎児が生きて生まれることを条件として、相続開始時にさかのぼって相続能力を取得すると解する説と、胎児中に胎児の相続能力を認め、ただ胎児が死体で生まれたときには相続開始時にさかのぼって相続能力を有しなかったと解する説がある。前者を法定停止条件説ないし人格遡及説と呼び、後者を法定解除条件説ないし制限人格説と呼ぶ。

最近は、法定解除条件説が比較的有力である。法定解除条件説の理由とするところは、胎児が生きて出生する蓋然性は死体で生まれるそれより高いことにあるが、他方胎児が胎児のままで権利を行使し得るためには法定代理人が必要となるところ、この点について、現行法上明文の規定がないことが同説の欠点とされる。

同時死亡

━ 事 例 ━

X_1 A夫婦には、子 X_2 がいる。X_1 A夫婦及び X_2 が乗車中の自動車が交通事故に遭い、X_1 X_2 が同時に死亡したことが確認された。他方で、X_1 の両親BCは存命である。この場合の相続人は誰で、相続分はどのようなものになるか。

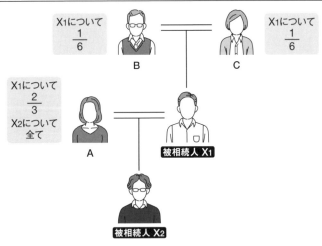

X_1について $\frac{1}{6}$

B

C

X_1について $\frac{1}{6}$

X_1について $\frac{2}{3}$

X_2について 全て

A

被相続人 X_1

被相続人 X_2

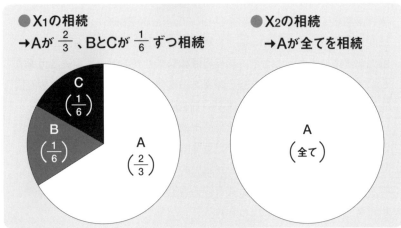

● X_1 の相続
→Aが $\frac{2}{3}$ 、BとCが $\frac{1}{6}$ ずつ相続

C $\left(\frac{1}{6}\right)$

B $\left(\frac{1}{6}\right)$

A $\left(\frac{2}{3}\right)$

● X_2 の相続
→Aが全てを相続

A （全て）

　相続人は被相続人が死亡したときに存在していなくてはならない。したがって、同時に死亡した者同士の間では、相互に相続は生じない。

　そのため、X₁の相続においてX₂の存在を、X₂の相続においてX₁の存在を考慮する必要はない。

　そこで、X₁については、配偶者Aと両親BCが相続人となり、その相続分は3分の2：6分の1：6分の1となる（3分の1×2分の1。900条1号）。また、X₂については、直系尊属であるAが単独で相続することになる。

⇒こちらもCHECK!

　同時死亡の場合には、同時に死亡した相続人間で相続分の順序等を考慮する必要はない。

　なお、代襲相続について定めた887条2項は「相続の開始以前に死亡したとき」と規定しており、同時死亡の推定を受ける場合であっても、代襲相続は生じることとなっている。

　また、32条の2の「同時死亡」とは、あくまで死亡時期の問題であり、「同一の危難」で死亡したことは要件ではない。

ステップＵＰ！　同時死亡

　民法32条の2により、数人の死亡者の間で死亡時期の先後の確定が困難な場合には、同時に死亡したと推定される。32条の2が適用されるのは、数人の死亡者の間で死亡時期の先後の確定が困難な場合であればよく、共同の危難による死亡の場合に限られない。

　死亡時期の先後が証明できる場合には、この推定を覆すことができる。この場合の証明は、明確な反証であることを要し、ある者が他の者より後に死亡したことを疑わせる事実の主張では足りない。

　同時に死亡したとされる結果、同時死亡者相互の間には相続関係が生じないこととなる。

相続放棄（相続人が子のみ）

事 例

被相続人には子Aと子Bがいる。夫はすでに亡くなっている。子Aが相続放棄をした場合、相続人は誰で、相続分はどのようなものになるか。

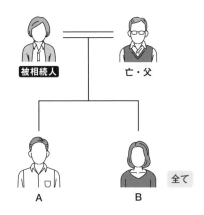

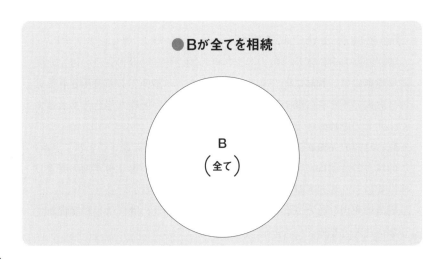

● Bが全てを相続

B
（全て）

939条は「相続の放棄をした者は、その相続に関しては、初めから相続人とならなかったものとみなす。」と定めており、相続放棄をした者については遡って相続人ではなくなる。

したがって、相続放棄をした者を除いたその他の同順位の法定相続人のみで相続を行うことになる。

本ケースは、配偶者がすでにおらず、子が複数名いるときであったが、子のうちＡが相続放棄をしたことにより、Ｂのみが相続人となり、すべての相続財産を承継する。

⇒こちらもCHECK！

相続の放棄をした者は、その相続に関しては、初めから相続人とならなかったものとなるのであり、相続放棄をした者の相続分が他の相続人に対して帰属することになるのではない。

例えば、配偶者と複数の子が相続人である場合に、子の一人が相続放棄をしたとしても、配偶者の相続分には影響がなく、残った子の相続分が増加することになる。

ステップUP！　相続開始前の相続人の地位①

相続開始後に相続人として被相続人の財産を承継することができる地位ないし資格を有する者は、相続開始前には推定相続人と呼ばれ（892条、893条）、相続開始前の推定相続人の地位を相続権と呼ぶことがある（887条2項・3項、889条2項）。

この相続人の地位は、少なくとも相続人としての欠格事由（891条）がない限り、廃除の手続によらなければ剥奪されない（892条）という意味で法律上の保護を受け得ることから、通説は、権利としての脆弱性は認めつつも、これを期待権と解している。

相続放棄（相続人が配偶者と子）

─ 事 例 ─

被相続人には子Ａと子Ｂ及び配偶者である夫Ｃがいる。また、被相続人の母Ｄも存命である。子Ａと子Ｂは父親であるＣだけに相続をしてもらいたいと考え、相続放棄をした。この場合の相続人は誰で、相続分はどのようなものになるか。

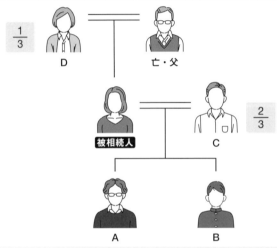

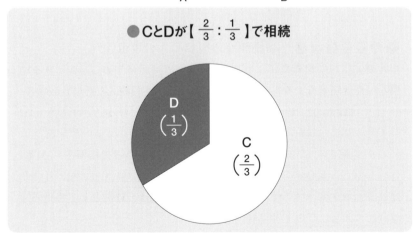

●ＣとＤが【 $\frac{2}{3}$ ： $\frac{1}{3}$ 】で相続

939条は「相続の放棄をした者は、その相続に関しては、初めから相続人とならなかったものとみなす。」と定めており、相続放棄をした者については遡って相続人ではなくなる。

そのため、第一順位であった相続人の全員が相続放棄をした場合には、次順位の相続人が相続資格を有することになる。

本ケースでは、子であったAとBが相続放棄をしたため、直系尊属であるDに相続資格が移行することになる（889条1項1号）。

そのため、配偶者Cと直系尊属であるDが同順位の法定相続人となり（890条後段）、配偶者Cの相続分は3分の2、直系尊属Dの相続分は3分の1となる（900条2号）。

⇒こちらもCHECK!

相続放棄をすることによって、従来の相続人の範囲から相続放棄をした者がいなくなる（相続放棄をしなかった者のみが相続人として残る）といった単純な構造にはなっていない。

例えば、相続人間で、ある相続人に相続分を集中させたいといった意図をもって相続放棄をしてしまった場合に、意図に反して、他にあらたな相続人を生じさせるという結果を招いてしまう可能性もある。この点には注意を要する。

ⓈⓉⒺⓅⓊⓅ❗ 相続開始前の相続人の地位②

相続開始前の相続人の地位が期待権であるとしても、推定相続人は、相続開始前には、被相続人の具体的な財産に対する権利を有しないことは当然である。

最高裁（最判昭和30年12月26日民集9巻14号2082頁）は、推定相続人は期待権を有するにすぎず、いまだ当然には被相続人の個々の財産に対し権利を有するものではないとして、被相続人のなした財産処分の無効確認を請求し、あるいは被相続人の権利を代位行使することは許されないとした。

第2章

より複雑な
法定相続分
応用編

兄弟姉妹のみ（全血と半血）

事例

被相続人には、配偶者も子もいない。また、両親はすでに他界しているが、兄A及び弟Bがいる。なお、兄Aは被相続人の父とその前妻との子である。この場合の相続人は誰で、相続分はどのようなものになるか。

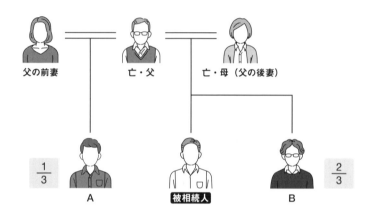

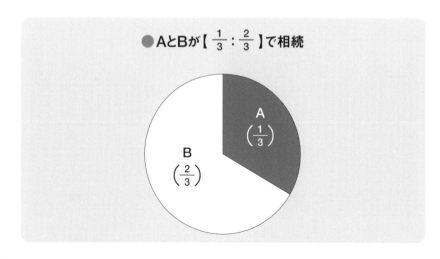

● AとBが【$\frac{1}{3}$: $\frac{2}{3}$】で相続

　血族相続人の中で、子及び直系尊属がいない場合、被相続人の兄弟姉妹が相続人となる（889条1項1号）

　他方で、兄弟姉妹が複数名の場合、各自の相続分は相等しいものとするのが原則ではあるが（900条4号）、相続人となる者の中に「父母の一方のみを同じくする兄弟姉妹」（半血の兄弟姉妹）が含まれている場合には、結論が異なる。

　すなわち、同条4号ただし書に、「父母の一方のみを同じくする兄弟姉妹の相続分は、父母の双方を同じくする兄弟姉妹の相続分の2分の1とする。」と定められている。これは、両親を同じくする兄弟姉妹と父母の一方のみが同じである兄弟姉妹とでは親疎の差があるためと考えられる。

　したがって、本ケースでは、父母の一方を同じくする兄弟姉妹である兄Aは3分の1、父母の双方を同じくする兄弟姉妹である弟Bは3分の2を相続することになる。

⇒こちらもCHECK!

　兄弟姉妹の身分（全血の兄弟姉妹か半血の兄弟姉妹か）に基づく相続においては、両親を同じくするかどうかで相続分に差異が生じることとなっており、平成25年判決（25頁）によっても、同規定は削除されていない。

　なお、ここでいう、父母には、実父母のみならず養父母を含む。したがって、実父母あるいは養父母のいずれかを同じくすれば全血の兄弟となり、一方の実母が他方の養父母である場合も同様である。

パターン **16**

配偶者と兄弟姉妹（全血と半血）

事例

被相続人には、妻Aがいるが子はいない。また、両親はすでに他界しているが、兄B及び弟Cがいる。なお、弟Cは被相続人の父とその後妻との子である。この場合の相続人は誰で、相続分はどのようなものになるか。

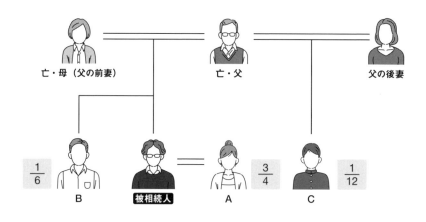

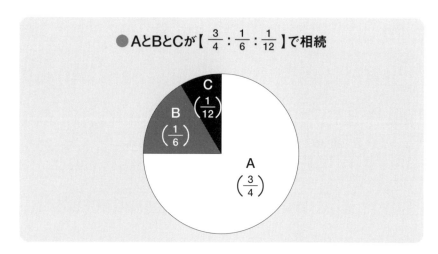

●AとBとCが【 $\frac{3}{4}$ ： $\frac{1}{6}$ ： $\frac{1}{12}$ 】で相続

44

　まず、890条は「被相続人の配偶者は、常に相続人となる」と定めており、配偶者がいるときは必ず相続人となる。

　他方で、血族相続人のうち、子及び直系尊属がいない場合には、被相続人の兄弟姉妹が相続人となり（889条1項1号）、配偶者と兄弟姉妹が同順位の法定相続人となる（890条後段）。

　そして、配偶者と直系尊属が同順位の相続人となる場合、配偶者の相続分は4分の3、兄弟姉妹の相続分は4分の1とすると定められている（900条3号）。

　その上で、パターン⑨では、兄弟姉妹が複数名の場合、各自の相続分は相等しいものとすると説明したが（同条4号）、本ケースでは相続人となる者の中に「父母の一方のみを同じくする兄弟姉妹」が含まれているため、結論が異なる。

　すなわち、同条4号ただし書には、「父母の一方のみを同じくする兄弟姉妹の相続分は、父母の双方を同じくする兄弟姉妹の相続分の2分の1とする。」とあるため、兄弟姉妹の相続分4分の1については、全血と半血の兄弟姉妹で等分するのではなく2：1の割合で分けることになる。

　したがって、本ケースでは、配偶者であるAが4分の3を相続する一方、Bは6分の1、Cは12分の1を相続することになる。

ステップＵＰ！　人の死亡①

　被相続人の死亡によって相続が開始するが、人の死の定義について、我が国では明文の規定はなく、医学界の共通認識と社会的合意によって決せられている。

　人の死は生物学的な事実であるとともに重大な法的効果をもたらすものであるため、医学的知識を有する者により、社会的に受け入れられている医学的基準に基づいて、統一的・客観的に判定される必要がある。

　そこで、現行法上死亡の診断等は医師のみがなし得ることとされている。

養子のみ

事例

被相続人には養子Aが1人いる。被相続人の夫はすでに亡くなっている。この場合の相続人は誰で、相続分はどのようなものになるか。

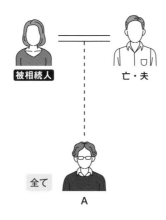

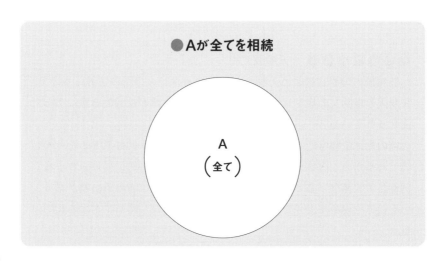

● Aが全てを相続

809条は「養子は、縁組の日から、養親の嫡出子の身分を取得する。」と規定しており、養子は養親の嫡出子として扱われる。

そして、「被相続人の子は、相続人となる。」（887条1項）ため、養子の子も被相続人の子として、第1順位の法定相続人となる。

したがって、配偶者がすでにいないときは、養親である被相続人を養子が単独で相続することになる。

⇒こちらもCHECK!

養子は、相続においては被相続人の子と同等に扱われるため、実子と扱いが異なることはない。

なお、実子・養子の別はもちろん、戸籍の異同、国籍の有無についても「子」としての相続人の地位に影響はない。

ステップUP！　人の死亡②（心臓死と脳死）

1　心臓死

従来、人の死は心臓の停止による全身的死亡すなわち心臓死であることに疑いはなかった。肺、心臓、脳すべての機能が停止した場合を死（三徴候死）とし、医師が①脈拍の停止、②呼吸の停止、③瞳孔拡散（対光反射）の消失の3つの徴候によりこれを確認する方法がとられてきた。

2　脳死

脳の不可逆的停止を脳死という。近時の人工的生命維持装置等の医療技術の発達に伴って、脳が心肺機能を制御する能力を喪失しても、なお、これらの装置によって呼吸及び心臓機能を維持することが可能となった。これによって生ずる状態が脳死であり、心肺機能には致命的な損傷はないが、頭部のみに対する障害や脳のみの疾病などによって生ずる場合が多い。

養子と実子

事 例

被相続人には実子Aと養子Bがいる。被相続人の夫はすでに亡くなっている。
この場合の相続人は誰で、相続分はどのようなものになるか。

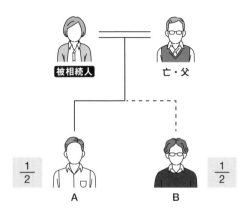

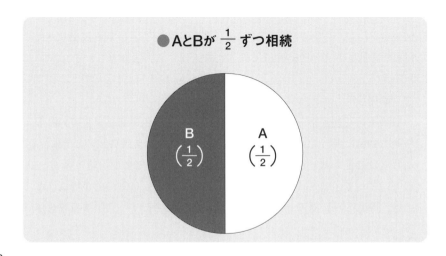

　パターン⑰でも見たように、809条は「養子は、縁組の日から、養親の嫡出子の身分を取得する。」と規定しており、養子は養親の嫡出子として扱われる。

　そして、「被相続人の子は、相続人となる。」（887条1項）ところ、実子も養子も被相続人の子であることに変わりはなく、双方ともに第1順位の法定相続人となる。

　その上で、被相続人に子が複数名いるときには、「各自の相続分は、相等しいもの」となる（900条4号）。

　したがって、配偶者がすでにいないときは、実子と養子が等しい割合で全遺産を相続することになる。

⇒こちらもCHECK!

　パターン⑰でも触れたように、養子は、相続においては被相続人の嫡出子と同等に扱われるため、実子と扱いが異なることはない。

ステップUP！　人の死亡③（臓器移植法）

　我が国においては、平成9年7月16日法律第104号「臓器の移植に関する法律」（平成21年7月17日法律第83号により大きく改正された）が脳死した者の身体から臓器の摘出を認めている点が問題となるが、同法には直接に脳死を個体死と定めた規定はない。

　しかし、身体から臓器を取り出すのである以上、死を前提としていると理解すべきであって、「脳死」を死と認めてよい。

　したがって、この法律が適用される場合すなわち臓器移植が行われる場合には、例外的に「脳死」を個体死と解すべきである。それ以外の場合には、心臓死が個体死である。

養子と実親の相続（普通養子）

事 例

Aには妻Bと養子Cがいる。AB夫婦の養子となったCの実親である被相続人が亡くなり、被相続人には子Dがいる場合、相続人は誰で、相続分はどのようなものになるか。

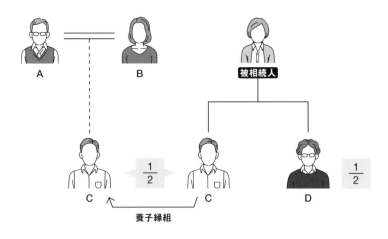

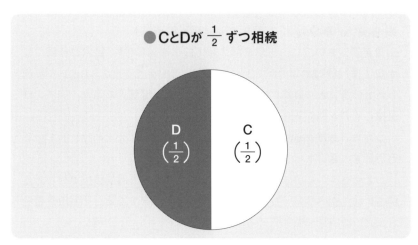

● CとDが $\frac{1}{2}$ ずつ相続

　普通養子縁組の場合、養子縁組後も実親との親族関係はそのまま存続することになる。

　したがって、養子となった者は、実親と養親の双方の相続権を有することになる。

　そのため、実親が亡くなった場合には、実親の子として相続人の地位を有するところ（887条1項）、その地位は養子となっていない子と同様であるので、双方ともに第1順位の法定相続人となる。

　その上で、被相続人に子が複数名いるときには、「各自の相続分は、相等しいもの」となる（900条4号）。

　したがって、養子縁組をした子と実子は、等しい割合で相続することになる。

⇒こちらもCHECK!

　「よその家に行った子」といった認識から、相続人としての地位を有しないと誤解する場合があるので注意が必要である。

ステップＵＰ！　相続の根拠の考え方①（意思説）

　相続とは、自然人の法律上の地位を、その者の死後に、特定の者に承継させることをいう。その根拠をどのように考えるかについては見解が分かれている。

　意思説は、相続の根拠を個人の意思に求める見解で、私的財産制度における私的自治を前提に、遺言相続を原則とし、法定相続を無遺言相続ととらえ、法定相続は被相続人の合理的な意思の推定であるとする。

　従来は、我が国では遺言相続が少なく、法定相続が原則的形態であるとする事実が、この説の説得力を弱めているとの批判があったが、遺言が増えつつある現状を踏まえると、そのように言いうるかには疑問がある。

養子と実親の相続
（特別養子）

事例

Aには妻Bと養子Cがいる。AB夫婦の特別養子となったCの実親である被相続人が亡くなったときで、被相続人には子Dがいる場合、相続人は誰で、相続分はどのようなものになるか。

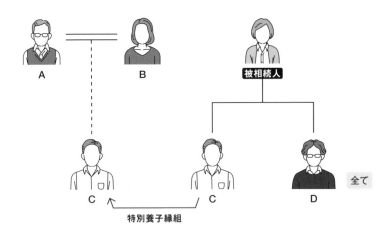

特別養子縁組

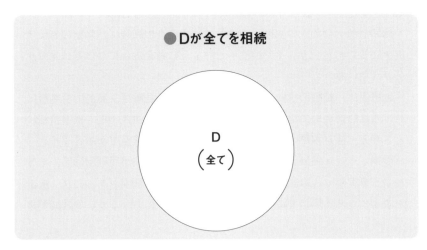

●Dが全てを相続

D
（全て）

　パターン⑲の普通養子縁組の場合と異なり、特別養子縁組の場合には、養子縁組により、実方との親族関係は終了することになる（817条の9）。

　したがって、特別養子縁組により養子となった者は、実親が死亡した場合における相続権を失うことになる。

　そのため、実親が亡くなった場合には、養子となっていない実子のみが相続人としての地位を有することになる。

⇒こちらもCHECK!

　パターン⑲の普通養子縁組の場合と異なる結論になることに注意が必要である。

　特別養子縁組が行われた場合、相続は特別養子となった子を除外して考えることになる。

ステップＵＰ！　相続の根拠の考え方②（縦の共同体説）

　相続の根拠について、縦の共同体説とは、被相続人と相続人とは、世代を通じて縦の共同体を形成しており、この共同体の存在のゆえに、死者の財産は、その者の死後、その共同体の構成員に承継されるとする見解である。

　父祖代々世襲で同じ職業を営んでいる家族で、子が父の遺産を承継する相続に関しては適切な説明たり得る。

　しかし、現在では、縦の共同体の存在が顕著であるとは言い難く、また、直系尊属、配偶者、兄弟姉妹による相続を説明しきれないとの批判がある。

養子の死亡

事例

被相続人はAとその妻Bの双方と養子縁組をしている。被相続人の実親であるCも存命である。被相続人が亡くなった場合に、相続人は誰で、相続分はどのようなものになるか。

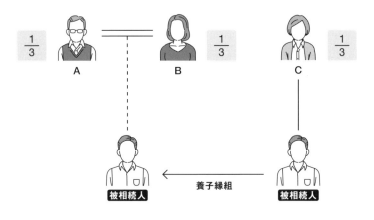

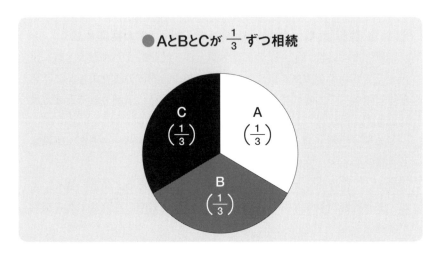

● AとBとCが $\frac{1}{3}$ ずつ相続

普通養子縁組の場合、養子縁組後も実親との親族関係はそのまま存続することになる。このことは、実親が養子となった子の相続権も継続して有することも意味する。

そのため、養子が亡くなった場合に、配偶者も子もいない場合には、養子縁組をしている養親はもちろん、実親も直系尊属として相続人の地位を有することになる（889条1項1号）。

その上で、被相続人に直系尊属が複数名いるときには、「各自の相続分は、相等しいもの」となる（900条4号）ため、実親も養親も各自が等しい割合で相続することになる。

⇒こちらもCHECK!

養子となった子について、家を出たという旧来の感覚から、実親が相続人としての地位を有しないと誤解する場合があるので注意が必要である。

また、実親のグループと養親のグループとで相続分を株分するわけではないことにも注意が必要である（本パターンでA・Bが4分の1ずつ、Cが2分の1ということにはならない）。

ステップUP！　相続の根拠の考え方③（共同生活説）

相続の根拠について、共同生活説（横の共同体説）とは、人々は、夫婦、親子で共同生活し、互いに扶養し、互いに財産の形成に貢献しあっているから、ある人が死亡した場合には、その者の財産はその者と共同生活をしていた者たちに与えられるとする見解である。

この見解は、夫婦、親子が共同生活をして、蓄財に努め、共通の子を養育しているという典型的な小家族において、夫＝父が死亡して、配偶者と子が相続するという状態を適切に説明し得る。

しかし、現行相続法は、相続人の資格として被相続人と一定の身分関係があることのみを要求し、両者間の共同生活の有無、相続人の資力、資産形成に対する相続人の貢献の有無程度などは原則として問題とせず、したがって、別居中の配偶者も、独立生計を営む子も、同居したことがない嫡出でない子も相続権を有することをよく説明し得ないとの批判がある。

代襲相続

事例

被相続人には子及び夫がいたが、両者はすでに亡くなっている。また、子には妻と子Aがいる。この場合の相続人は誰で、相続分はどのようなものになるか。

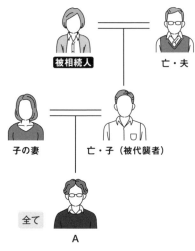

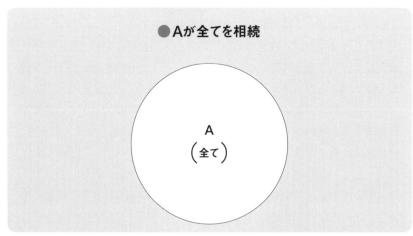

●Aが全てを相続

A
（全て）

887条2項は「被相続人の子が、相続の開始以前に死亡したとき、（中略）その者の子がこれを代襲して相続人となる。ただし、被相続人の直系卑属でない者は、この限りでない。」と規定しており、被相続人の子が、相続開始前に死亡していたときは、その者の子が代襲相続人として、第1順位の法定相続人となる。

したがって、被相続人の配偶者がすでにいないときは、代襲相続人である孫（事例ではA）が単独で相続することになる。

⇒こちらもCHECK!

代襲相続人となるのは、被相続人の子の子のみである。被相続人の子の法定相続人であっても、その配偶者は代襲相続人とはならない。

被相続人の子の子が代襲相続人となる以上、被相続人の両親、兄弟姉妹が存命であったとしても、これらの者が相続人となることはない。

ステップUP!　相続の根拠の考え方④（血の代償説）

相続の根拠について、血の代償説とは、相続の根拠を被相続人と相続人との血縁関係に求める見解である。血が親から子へ、子から孫へと伝わるように、財産もまた、血縁関係にある者に伝わっていくとする考え方で、もっとも素朴な相続観である。しかし、配偶者相続権を説明できないとの批判がある。

これらの各説のうち、縦の共同体説（53頁）が通説的見解とされるが、各学説による一元的説明では相続の根拠を十分に説明することは困難であるとして、現代における相続権の根拠を、相続人に属していた潜在的持分の払戻し、有限的家族的共同体の構成員への生活保障、一般取引社会からの権利安定の要請に求める多元的説明をする見解も有力である。

代襲相続と養子

事 例

被相続人には、夫と養子であるＡ、実子である子Ｂがいるが、それぞれの子はすでに亡くなっている。他方で、Ａには、被相続人と養子縁組をする前に出生した子であるＣがおり、Ｂにも子Ｅがいる。この場合の相続人は誰で、相続分はどのようなものになるか。

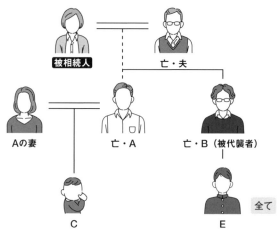

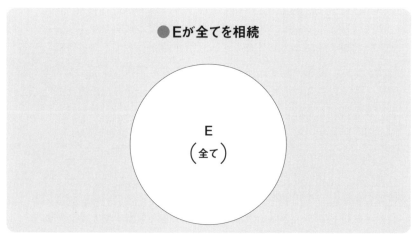

● Ｅが全てを相続

　代襲相続の要件として、代襲者が被代襲者の子であることに加え、代襲者が被相続人の直系卑属であることが規定されている（887条2項ただし書）。

　したがって、被相続人の子の子が代襲相続人となるためには、「子の子」が被相続人の直系卑属である必要があることになる。

　一般的には、被相続人の孫は、被相続人の直系卑属である場合が多いと考えられる。しかし、例外的に、被相続人の子が養子であって、養子縁組前に子がある場合には、その子は被相続人の直系卑属ではないため、代襲相続人とはなり得ないことになる。

　本ケースでは、子CはAが養子縁組をする前に生まれた子であるため、被相続人の直系卑属ではなく、代襲相続人としての要件を充たさない。

　他方で、子Eは、実子Bの子であるため、被相続人の直系卑属となる。

　したがって、子Eのみが、被相続人を代襲相続して、相続人となる。

　また、「養子縁組前の子が被相続人の直系卑属である」点については、被代襲者である養子を通じて被相続人の直系卑属である必要があるかについては、解釈に争いがある（戸籍先例では、養子縁組前の子が養親の子の子であり養親の直系卑属である場合には、養親を被相続人とする相続において、養子の子の子を代襲相続人として認めているものがある。昭和35年8月5日民事甲第1997号民事局第2課長回答）。

⇒こちらもCHECK！

　養子縁組が介在している場合、被相続人の子の子（孫）である場合であっても、代襲相続人の要件を充たさない場合があることに注意。

相続人と代襲相続人

事例

被相続人には子Aと子Bがいたが、子Bはすでに亡くなっている。また、配偶者である夫もすでに亡くなっている。他方で、子Bには妻と子Cがいる。この場合の相続人は誰で、相続分はどのようなものになるか。

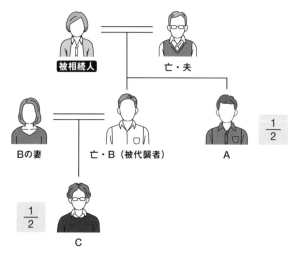

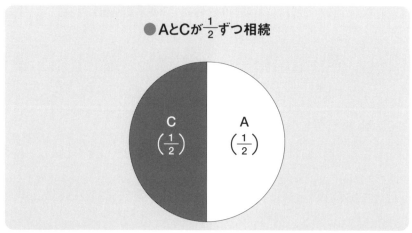

●AとCが$\frac{1}{2}$ずつ相続

　被相続人の子は相続人となる（887条１項）ため、配偶者相続人がすでにいない以上、本来であれば子Aと子Bが相続人となるはずであった。

　しかし、子Bがすでに亡くなっているのであれば、887条２項に基づき「被相続人の子が、相続の開始以前に死亡したとき、（中略）その者の子がこれを代襲して相続人」となる。

　そして、代襲相続人の相続分については、「相続人となる直系卑属の相続分は、その直系尊属が受けるべきものであったものと同じとする。」（901条１項）と規定されているため、子Bの相続分と同等の相続分を有することになる。

　したがって、Aと、Bを代襲したCとは、それぞれ２分の１の相続分を有することになる。

⇒こちらもCHECK！

　代襲相続人と他の身分に基づく相続人が同順位の相続人となる場合の相続分について900条は相続分を特に規定していない。そのため、901条に基づいて、被代襲者が受けるべきであった相続分と同等の相続分を有するとされる。

ステップＵＰ！　代襲相続

　代襲相続とは、推定相続人（被代襲者）が相続開始前に死亡し、あるいは欠格・廃除によって推定相続人たる地位を失ったとき、この者に子があれば、その子（代襲者）が、推定相続人たる地位を失った者の受けるべきであった相続分を受けて相続することをいう。

　この代襲相続制度の趣旨は、もし、被代襲者が相続していれば、後に相続により財産を承継し得たはずであるという代襲者の期待を保護することが衡平に合致するということにあるとされる。

　各国の法制上、古くから認められている。

複数の代襲相続人

─ 事 例 ─

被相続人には子Aと子B、夫がいたが、すでに亡くなっている。他方で、子Aには妻と子Cが、子Bには、妻と子Dと子Eがいる。この場合の相続人は誰で、相続分はどのようなものになるか。

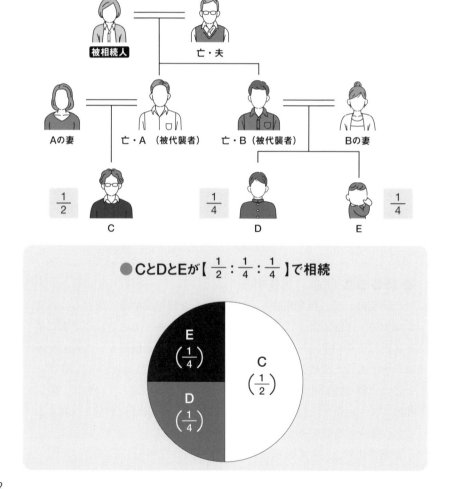

●CとDとEが【 $\frac{1}{2}$: $\frac{1}{4}$: $\frac{1}{4}$ 】で相続

　被相続人の配偶者はすでに死亡しており、血族相続人の子である子Aと子Bもすでに亡くなっているので、887条2項に基づき、その子らが代襲して相続人となる。

　他方で、代襲相続人が複数いる場合に、各自の相続分は等しいものになるわけではない。すなわち、代襲相続人の相続分については、「相続人となる直系卑属の相続分は、その直系尊属が受けるべきものであったものと同じとする。ただし、直系卑属が数人あるときは、その各自の直系尊属が受けるべきであった部分について、前条の規定に従って、その相続分を定める」（901条1項）ことになる。

　したがって、Aを代襲したCは本来Aが受けるべきであった相続分2分の1の相続分を有するが、Bを代襲したDとEは、Bが本来受けるべきであった相続分2分の1を相等しく分けることになるため（900条4号）、それぞれ4分の1の相続分を有することになる。

⇒こちらもCHECK!

　代襲相続人が複数いる場合に、子複数の場合と同様に相続分を等しいものとして取り扱うという考え方もあり得るが、法はそれを明文で否定している（901条1項ただし書。昭和37年民法改正時における株分け説の採用）。

ステップⓊⓅ!　明治民法における代襲相続の趣旨

　明治民法の974条・995条の規定の趣旨につき、起草委員梅謙次郎は、「嫡孫承祖ト称スルモノ即チ是ナリ…（中略）…死亡者又ハ失権者カ相続ヲ為シタルトキハ、其直系卑属カ相続ヲ為スヘキ当然ノ順序ニ在リタルニ、偶然ノ事実ニ因リテ忽チ其相続権ヲ失ヒ、其叔父母等ガ相続ヲ為シ、竟ニ家督ハ永ク其者ノ子孫ニ属スヘキモノトスルハ、甚タ其当ヲ得サレハナリ」と述べており、そこでは、代襲相続制度は衡平の原則に根拠を持つというより、家督相続制度の必然の結果であるとの趣旨が含まれていると指摘されている。

　現行民法は、遺産相続のみであるから、代襲相続制度の趣旨が衡平にもとづくことに疑いはない。

代襲相続と兄弟姉妹の子

事例

被相続人は未婚であり、配偶者も子もいない。両親もすでに亡くなっているが、妹Aが存命である。他方で、すでに亡くなっている兄には、子Bがいる。他に兄弟姉妹はいない。この場合の相続人は誰で、相続分はどのようなものになるか。

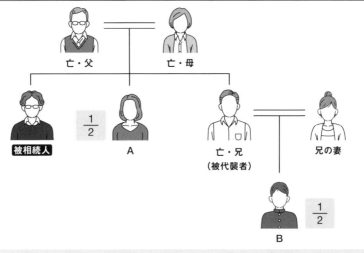

亡・父　　　　亡・母

被相続人　　　$\frac{1}{2}$　A　　　亡・兄（被代襲者）　　　兄の妻

B　$\frac{1}{2}$

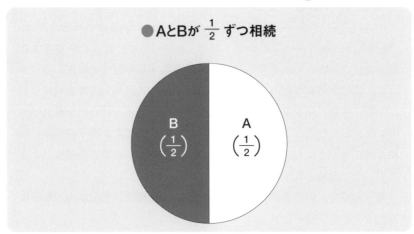

●AとBが $\frac{1}{2}$ ずつ相続

B
$\left(\frac{1}{2}\right)$

A
$\left(\frac{1}{2}\right)$

889条1項に「次に掲げる者は、第八百八十七条の規定により相続人となるべきものがいない場合には、次に掲げる順序の順位に従って相続人となる。」とあるように、被相続人に子がいないときには、被相続人の直系尊属が第1順位の、兄弟姉妹が第2順位の法定相続人となる。

したがって、被相続人に子も配偶者もおらず、直系尊属もすでに亡くなっている場合には、兄弟姉妹が相続人となる。

他方で、本来相続人となるべきであった被相続人の兄弟姉妹が相続開始以前に亡くなっている場合、子の代襲相続の規定を準用することにより（889条2項、887条2項）、兄弟姉妹の子の代襲相続が認められている。

したがって、被相続人の兄弟姉妹であるAと兄弟姉妹の子であるBが同順位の相続人となり、その相続分はそれぞれ2分の1ずつとなる（901条1項ただし書）。

⇒こちらもCHECK!

被相続人の兄弟姉妹の子についても代襲相続は認められている。

ただし、兄弟姉妹の子の子（甥姪の子）については、再代襲は認められていないことに注意（⇒パターン㉘）。

ステップUP!　職権による高齢者死亡記載

戸籍に記載されている高齢者の中には所在が確認できない者がある。その多くは死亡したと考えられるが、死亡届等が提出されないため戸籍がそのままとなっている。

そこで、戸籍実務においては、真実と合致しないと考えられるこのような戸籍記載については、戸籍法44条3項、24条2項の規定により、市町村長が職権によって死亡記載をすることができるとされている。高齢者死亡記載は、戸籍整理を目的とする行政上の便宜的措置であるから、この死亡記載によって、相続が開始することはなく、したがって、相続登記をすることもできない。死亡時の確定をするためには失踪宣告が必要である。

再代襲

事例

被相続人には子及び配偶者がいたが、両者はすでに亡くなっている。また、子には妻と子がいたが、その子（被相続人の孫）もすでに亡くなっている。他方で、その子（被相続人の孫）には妻と子A（被相続人のひ孫）がいる。この場合の相続人は誰で、相続分はどのようなものになるか。

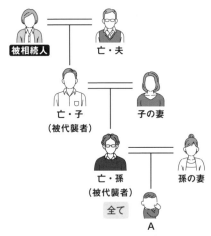

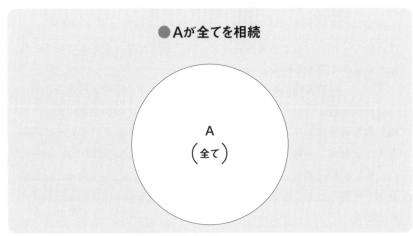

●Aが全てを相続

A
（全て）

解 説

被相続人の子が、相続の開始以前に死亡したとき、その者の子がこれを代襲して相続人となるが（887条2項）、代襲相続人自身がすでに亡くなっている場合には、代襲者の子は代襲者をさらに代襲して相続人となることができる（再代襲。同条3項）。

したがって、代襲相続人の子（被相続人のひ孫）であるAが単独で相続することになる。

⇒こちらもCHECK!

887条3項は、「前項の規定は、代襲者が、相続の開始以前に死亡し（中略）その代襲相続権を失った場合について準用する。」とのみ定めているため、理論上は、代襲相続人の子（再代襲）だけではなく、再代襲相続人の子（再々代襲）も可能である。ただし、パターン㉘で確認をするように、兄弟姉妹の子の子（甥姪の子）については、再代襲は認められていない。

ステップＵＰ！　子と直系卑属

民法は、第1順位の相続人は子（887条1項）、第2順位の相続人は直系尊属であり（889条1項1号）、子も直系卑属であるから、これらの表記には統一性が欠けるようにみえる。これは、昭和37年の民法改正により、直系卑属との表記が子と改められたことによるものである。同改正前には、子については代襲相続が認められていたため、被相続人の孫だけが相続人であるときは、その相続が固有の相続権にもとづくか（本位相続説）、代襲相続権にもとづくか（代襲相続説）で争いが生じていた。

すなわち、被相続人に子がA、B二人、Aには孫A1、A2二人、Bには孫B1一人がそれぞれいて、A、Bともに死亡している事例を考える。孫としては固有の相続権を認める本位相続説によれば、A1、A2、B1はいずれも孫であるから、相続分は各3分の1となる（均分相続説）。代襲相続説によれば、孫固有の相続権（本位相続権）はなく、代襲相続権のみがあるから、A1、A2の相続分は、被代襲者Aからの相続分として各4分の1を受け、B1の相続分は、同じく2分の1を受ける（株分け相続説）。この争いについて、昭和37年の改正では、相続人を子に限定し、孫は常に代襲相続人として相続することとして（株分け相続説の採用）、この点を立法的に解決した。

再代襲なし（兄弟姉妹の子の子）

事例

被相続人は未婚であり、配偶者も子もいない。両親もすでに亡くなっている
が、妹Aが存命である。他方で、すでに亡くなっている兄の子（甥）も亡くなっ
ているが、その子である甥孫がいる。この場合の相続人は誰で、相続分はど
のようなものになるか。

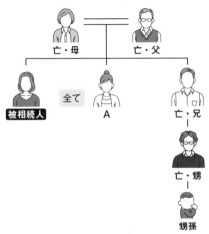

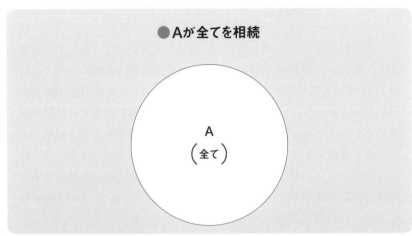

● Aが全てを相続

A
（全て）

　889条1項に「次に掲げる者は、第887条の規定により相続人となるべきものがいない場合には、次に掲げる順序の順位に従って相続人となる。」とあるように、被相続人に子がいないときには、被相続人の直系尊属が第1順位の、兄弟姉妹が第2順位の法定相続人となる。

　そのため、被相続人に子も配偶者もおらず、直系尊属もすでに亡くなっている場合には、兄弟姉妹が相続人となる。

　他方で、本来相続人となるべきであった被相続人の兄弟姉妹が相続開始以前に亡くなっている場合、子の代襲相続の規定を準用することにより（889条2項、887条2項）、兄弟姉妹の子に対する代襲相続が認められているが、再代襲を認める889条3項は準用していない。

　したがって、兄弟姉妹の子がすでに亡くなっている場合には、さらにその子について再代襲をすることはできない。

　本ケースでは、被相続人の兄弟姉妹であるAのみが相続人となることになる。

⇒こちらもCHECK!

　このように被相続人の兄弟姉妹の子について代襲相続は認められているが、再代襲は認められていない。

　他方で、被相続人の兄弟姉妹の子の子（甥・姪の子）が、被相続人の遺産分割に関わってこないわけではないことには注意が必要である。

　すなわち、被相続人の死亡後（相続開始後）、遺産分割前に代襲相続人である被相続人の兄弟姉妹の子が死亡した場合には、「被相続人の兄弟姉妹の子」を被相続人とする相続が開始することになる。このような中で、本来予定されていた相続手続において、相続人の相続人として、遺産分割協議に関与をすることがあり得る。

　このように、遺産分割協議が未了のままで、相続人が死亡してさらにまた次の相続が開始することがあるが、これは再転相続あるいは数次相続と呼ばれるものであり、代襲相続とはまったく概念を異にするものであることに注意を要する。

代襲相続なし（祖父母）

事例

被相続人には妻Aはいるが子はいない。その父親Bもすでに亡くなっているが、母親Cは存命である。他に兄弟姉妹もいない。他方で、Bの母親である祖母Dはまだ存命である。この場合の相続人は誰で、相続分はどのようなものになるか。

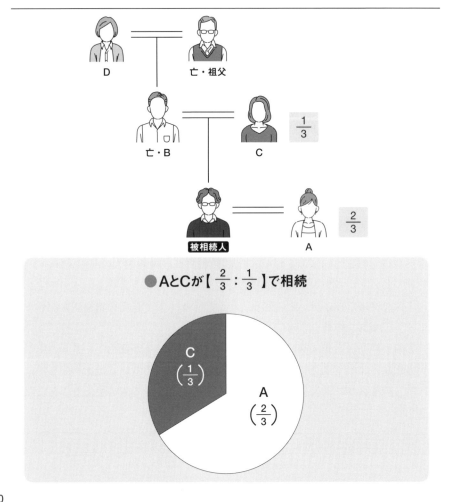

●AとCが【 $\frac{2}{3}$ ： $\frac{1}{3}$ 】で相続

代襲相続は、被相続人の「子」が、相続の開始以前に死亡したときにその者の子がこれを代襲して相続人となることを認める規定である。

したがって、本来相続人となるはずであった「直系尊属」の相続人となる「直系尊属」が存命であったとしても、代襲相続は生じない。

すなわち、直系尊属が相続人となる場合に、親等の近いものが先順位であるから、まず被相続人の両親が第1順位の相続人となり、両親の一方、例えば父親が先に亡くなっていて、その父母（被相続人の父方の祖父母）が存命であっても、父親が相続すべきであった相続分を、祖父母が代わって相続することはない。

本ケースでは、配偶者Aのほかに被相続人の直系尊属としてCとDが存在しているが、近い親等のCが直系尊属として相続人となる。

他方で、Bがすでに亡くなっているが、直系尊属に対する代襲相続は生じないため、Dは相続人としての地位を有しないことになる。

したがって、被相続人の配偶者Aと直系尊属Cのみが相続人となる。

⇒こちらもCHECK!

両親の一方が先に亡くなっていて、その父母（祖父母）が存命であっても、祖父母が代襲相続により相続をすることはない。

他方で、両親が双方とも亡くなっている場合に、その父母（祖父母）が存命である場合には、祖父母が相続権を有する場合もあるが、これは代襲相続ではなく、直系尊属固有の相続である（パターン②）。

代襲相続と欠格

事 例

被相続人には子及び夫がいたが、夫はすでに亡くなっている。また、子には妻と子（被相続人の孫）Ａがいる。ところが、被相続人が亡くなった後に、被相続人の子に欠格事由が発生した。この場合の相続人は誰で、相続分はどのようなものになるか。

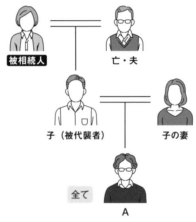

被相続人 ── 亡・夫

子（被代襲者） ── 子の妻

全て
Ａ

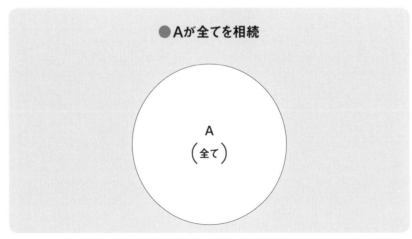

●Ａが全てを相続

A
（全て）

　887条2項は「被相続人の子が、相続の開始以前に死亡したとき、又は891条の規定に該当し、若しくは、廃除によって、その相続権を失ったときは、その者の子がこれを代襲して相続人となる。ただし、被相続人の直系卑属でない者は、この限りでない。」と規定しており、被相続人の子が、891条の規定に該当するとき、すなわち欠格事由が存在するときには、その者の子が代襲相続人として、第1順位の法定相続人となる。

　したがって、被相続人の配偶者がすでにいないときは、代襲相続人である孫が単独で相続することになる。

⇒こちらもCHECK!

　欠格事由は相続開始前に生じることもあるが、相続開始後に生じることもある。

　この点、887条2項は、上記の通り、「被相続人の子が、相続の開始以前に死亡したとき、又は891条の規定に該当し、若しくは、廃除によって、その相続権を失ったとき」と規定をしており、「相続開始以前に死亡したとき」と「欠格または廃除によって相続権を失ったとき」とを明確に文言を分けたため、欠格または廃除については相続開始の前後の問わないこととなっている。

　なお、この規定から分かるように、被相続人の子が相続の開始後に亡くなってしまった場合には、代襲相続が生じることはなく、被相続人の相続と、被相続人の子の2つの相続が問題となる、二次相続（再転相続）の問題となる。

代襲相続と相続放棄

事 例

被相続人には子Aと子Bがいる。夫はすでに亡くなっている。子Aには子（被相続人の孫）Cがいる。子Aが自分の子Cに相続分を渡そうと考え、相続放棄をした。この場合の相続人は誰で、相続分はどのようなものになるか。

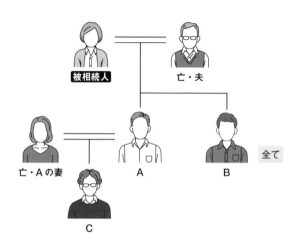

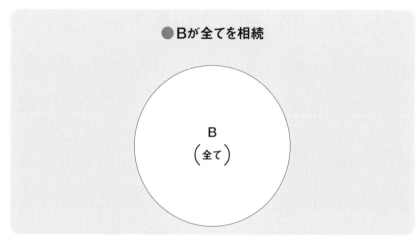

●Bが全てを相続

887条2項は「被相続人の子が、相続の開始以前に死亡したとき、又は第891条の規定に該当し、若しくは廃除によって、その相続権を失ったときは、その者の子がこれを代襲して相続人となる」と規定しており、代襲相続の原因としては、「死亡、欠格、廃除」のみが規定されており、相続放棄は規定されていない。

したがって、相続放棄をしたAの子Cは代襲相続人とはならず、Bのみが相続分を有する。

⇒こちらもCHECK!

昭和37年民法改正により、代襲原因は「相続開始以前の死亡」「欠格」及び「廃除」の3つに限定された。したがって、相続放棄によって代襲相続は生じない。

相続において、自身の子に相続分を渡したいといった意図で相続放棄をすることはできないので、注意が必要である。

ステップＵＰ！ 認定死亡①

死体が発見されたときでなければ、たとえ死亡したことが確実であったとしても、戸籍に死亡の記載をすることを許さず、失踪宣告手続によるほかないとするのは、いかにも不都合である。

水難、火災その他の事変によって死亡したことが確実とみられるが、死体によって死亡を確認できない場合に、事変の調査にあたった官公署が死亡地の市町村長へ死亡の報告をし、これによって戸籍に死亡記載がなされる（戸籍法89条）。この制度を認定死亡と呼ぶ。認定死亡は失踪宣告とは異なる。死亡の報告は死亡届と同様に取り扱われ、これにもとづいて戸籍に死亡の記載がなされる結果、他の関係においても事実上本人が死亡したものとして取り扱われるのであって、失踪宣告と同一の法律上の効果を伴うものではない。

代襲相続と同時死亡

事例

X₁には子 X₂ がいる。配偶者である夫はすでに亡くなっている。また、X₂には配偶者 A と子 B がいる。X₁ と X₂ が、同乗していた自動車事故で同時に死亡したことが確認された場合、相続人は誰で、相続分はどのようなものになるか。

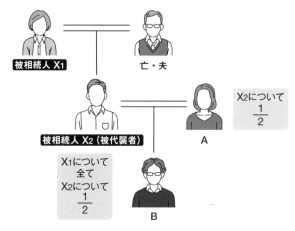

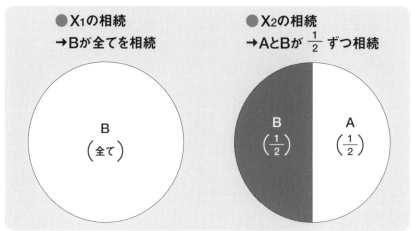

887条2項は「被相続人の子が、相続の開始以前に死亡したとき、（中略）その者の子がこれを代襲して相続人となる。ただし、被相続人の直系卑属でない者は、この限りでない。」と規定している。相続の開始「以前」であるため、同時に死亡した場合も含むと解されている（32条の2）。

そのため、被相続人の子が、被相続人と同時に死亡したときに、被相続人の子に直系卑属がいる場合には代襲相続が発生することになり、本ケースでは、BがX₁を単独で相続をすることになる。

他方で、X₂については、子と配偶者がいる場合となるので、パターン⑤の通り、子Bと配偶者Aが1：1（各2分の1）相続分を有することになる。

⇒こちらもCHECK!

被相続人と相続人が同時死亡をした場合であっても、代襲相続が発生することになる点に注意を要する。

ステップUP!　　認定死亡②

認定死亡は、通常の死亡の届出を期待することが困難であるばかりでなく、届出によるよりも官公署の直接の資料にもとづく死亡の報告による戸籍の記載の方が正確を期し得ると考えられることから設けられた制度であり、相当広く運用され、我が国では失踪宣告制度がさほど利用されないこともあいまって戸籍整備に大きな役割を果たしている。

平成23年東日本大震災が発生し、この地震に伴う大津波によって、多数の死体未発見の行方不明者が生じた。この大災害に際して適切に事務処理するために、戸籍法86条3項の「やむを得ない事由によって診断書又は検案書を得ることができないときは、死亡の事実を証すべき書面を以てこれに代えることができる。」との規定が弾力的に運用され、事案の処理がなされた。

第 3 章

最も困難な
法定相続分
発展編

死後懐胎子の扱い

事例

被相続人には妻Aがいるが、子はいなかった。ところが、被相続人は、生前自分の精子を冷凍保存しており、妻Aは、被相続人の死亡後に被相続人の精子を用いて人工授精をし、被相続人の子Bを出産した。その後、被相続人に関する相続が問題となった。被相続人の母Cは存命である。この場合の相続人は誰で、相続分はどのようなものになるか。

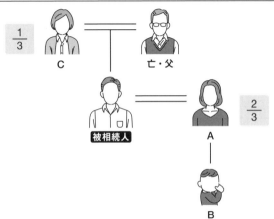

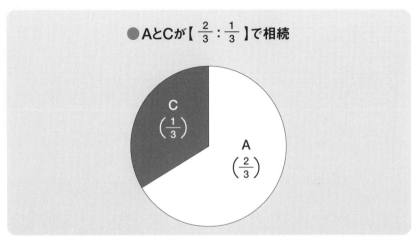

● AとCが【$\frac{2}{3}$: $\frac{1}{3}$】で相続

C（$\frac{1}{3}$）

A（$\frac{2}{3}$）

　夫の死亡後に冷凍保存されていた精子を用いて人工授精をおこなった結果妻が出産した子（死後懐胎子）は、死亡した父との間の法律上の親子関係の形成は認められないとして、相続に関しては父の相続人となることができないとされた（最判平成18年9月4日民集60巻7号2563頁）。

　したがって、配偶者と直系尊属が同順位の相続人となる場合となり、配偶者の相続分は3分の2、直系尊属の相続分は3分の1となる（900条2号）。

⇒こちらもCHECK！

　上記判例の考え方に従えば、その後被相続人の母であるCが死亡した場合でも、Bは被相続人の「子」ではないため、Bは被相続人を代襲して相続人となることはできないと解されている。

ステップUP！　遺言書保管制度

　民法の定める普通方式の遺言書として、自筆証書遺言、公正証書遺言及び秘密証書遺言がある（967条）。このうち、自筆証書遺言は、自書能力さえあれば他人の力を借りることなく、どこでも作成することができ、公正証書遺言と異なって特別の費用もかからず、遺言者にとって、手軽で自由度の高いものである。

　他面、自筆証書遺言は、作成や保管について第三者の関与が不要とされていることから、遺言者の死後、遺言書の真正や遺言内容をめぐって紛争が生じたり、相続人が遺言書の存在を知らないまま遺産分割を行ったりするリスクがある。

　そこで、法務局における遺言書の保管等に関する法律（平成30年法律73号、「遺言書保管法」）により、法務局による遺言書の保管制度が創設された。遺言書保管法は、手軽で自由度の高い自筆証書遺言のメリットを活かしつつ、法務局による遺言書の保管により、前記の自筆証書遺言のリスクの軽減に資することとなる。

孫の身分と養子の身分の重複

事例

被相続人には、妻との間に子A及び子Bがいた。また、子Aには配偶者との間に子Cがいた。さらに、被相続人は、孫であるCと養子縁組をしていた。被相続人の相続開始前に、妻及び子Aがすでに亡くなっていた場合、相続人は誰で、相続分はどのようなものになるか。

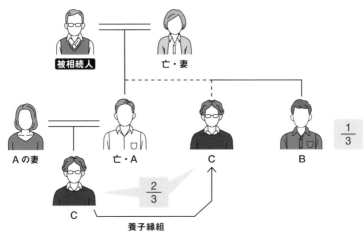

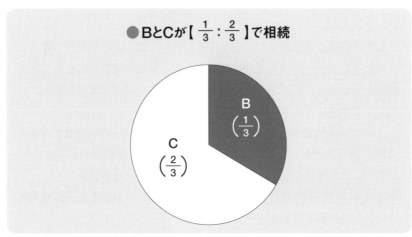

●BとCが【 $\frac{1}{3}$: $\frac{2}{3}$ 】で相続

B ($\frac{1}{3}$)

C ($\frac{2}{3}$)

　孫を養子にした場合で、孫の親が相続開始前にすでに亡くなっているような場合、当該「孫」には、実子の代襲相続人としての相続資格と、養子としての相続資格が併存することになる。

　このような場合、上記の「孫」は養子としての相続分と、亡親の代襲相続人としての相続分との双方を有することになると解されている（昭和26年9月18日民事甲1881号民事局回答）。

　本ケースでは、Cは被相続人の子（養子）としての資格による相続分3分の1と、被相続人の子Aの代襲相続人としての相続分3分の1を有することになり、BとCは、1対2の割合で相続分を有することになる。

⇒こちらもCHECK!

　相続資格の重複の問題においては、重複するそれぞれの相続資格の相続順位が同じ順位か異なる順位かによって考え方を整理する必要がある。

　基本的な考え方としては、同順位の場合にその資格が両立し相排斥しないときには両資格による相続を認め相続分の合算を行い、異順位の場合には先順位の資格による相続のみを認めるというのが有力な考え方である（『判例先例Ⅰ』166頁）。

ステップUP!　相続法の沿革①（明治23年民法）

　旧民法（明治23年法律98号）は、人事編、財産編（物権と債権総論、不法行為）、財産取得編（契約法と相続法）、債権担保編（物的担保としての担保物権と人的担保としての保証等）、証拠編（時効その他）という編成であり、財産取得編13章以下に相続に関する規定が置かれていた。

　その内容は、家督相続と遺産相続の二本立てであって、いずれについても、嫡出長男子優先の単独包括相続制を採用していた。

子の身分と兄弟姉妹の
身分の重複

┤事 例├

被相続人と妻Aの夫婦には子供がいなかったため、被相続人の弟であるBと養子縁組をした。被相続人が死亡する前に、両親はすでに亡くなっていた場合、相続人は誰で、相続分はどのようなものになるか。

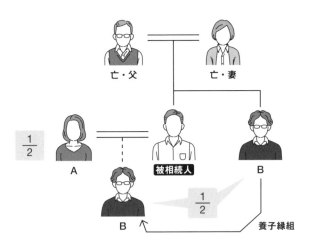

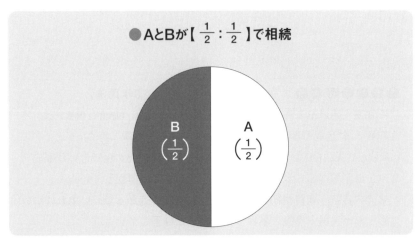

●AとBが【$\frac{1}{2}$：$\frac{1}{2}$】で相続

　Bは被相続人の兄弟としての地位と子（養子）としての地位を有する。しかし、子は第1順位の相続人（887条1項）である一方、兄弟姉妹は子及び直系尊属よりも後順位の相続人である（889条1項2号）。

　したがって、兄弟としての地位と子（養子）としての地位は相続人としての順位を異にするため、2つの相続資格を同時に主張することはできない。

　したがって、先順位である子としての相続資格のみに基づき相続をすることになる。

　本ケースでは、Bは被相続人の子（養子）としての資格のみを有することになり、配偶者Aとの関係では、1対1の割合で相続分を有することになる（900条1号。パターン⑤参照）。

⇒こちらもCHECK!

　異順位の場合には先順位の資格による相続のみが認められることはパターン㉞でも確認をしたとおりである。なお、本パターンのように身分が重複する場合には、Bが子としての地位に関して相続資格を失ったとき（相続放棄、欠格、廃除）にはどのように考えるべきかが問題となる（⇒パターン㊳）。

★ステップⓤⓟ!　相続法の沿革②（明治31年民法）

　法典論争の結果施行が延期された旧民法（明治23年法律98号）を修正するという形式で、明治民法が制定されたが、民法相続編は、初め同親族編とともに、明治31年法律9号として公布された上、先に公布されていた明治29年法律89号民法総則編、同物権編、同債権編と一括して、明治31年7月16日に施行された。

　このように明治民法は相続法を財産取得編に含める旧民法の構成を採用せず、いわゆるパンデクテン方式を採って第5編を相続にあてた。相続法を民法各編の最後に置いた理由につき、民法起草者は家督相続を含むことから相続を財産関係及び親族関係に関わるものと捉えていた。

配偶者の身分と兄弟姉妹（養子）の身分の重複

［事例］

被相続人には、兄Aがいる。また、夫Bがいるが子はいない。Bは婚姻時に、被相続人の両親と養子縁組をしていた。相続開始前に、被相続人の父及び母がすでに亡くなっていた場合、相続人は誰で、相続分はどのようなものになるか。

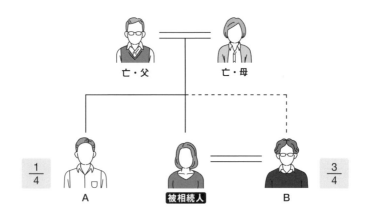

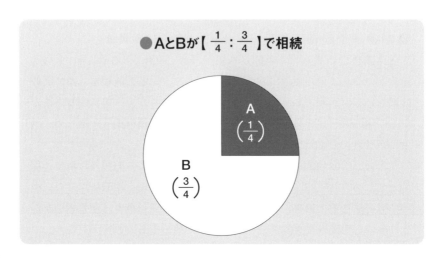

●AとBが【$\frac{1}{4}$: $\frac{3}{4}$】で相続

　いわゆる婚養子の場合のように、妻の配偶者が妻の実親と養子縁組をしている場合には、配偶者としての地位と兄弟姉妹としての地位が併存することになる。このような場合に、妻が死亡したとしても、夫は配偶者としての相続分のみを取得し、妻に第一順位、第二順位の血族相続人（子及び直系尊属）がいないときでも、兄弟姉妹として第三順位の血族相続人としての相続分を合わせて取得することはないと先例では解されている（昭和23年8月9日民事甲2371号民事局長回答）。本ケースでは、Bは被相続人の配偶者としての資格のみを有することになり、AとBは、900条3号に基づき、1：3の割合で相続分を有することになる。

⇒こちらもCHECK！

　他方で、重複する相続資格が両立し得る資格である以上、相続資格の重複を認め、相続分を加算するとする説が有力に主張されている（『判例先例Ⅰ』166頁以下参照）。

ステップＵＰ！　　相続法の沿革③（明治民法の相続法）

　明治民法の相続編は、相続を、戸主の地位をその有する権利義務を含めて嫡出長男子に単独相続させる家督相続と、戸主以外の家族の死亡によってその有する財産上の権利義務を最近親の直系卑属等に共同相続させる遺産相続の二種に分けた。家督相続の相続順位は第5順位まで規定され、家督相続人の獲得とそれによる家の維持が執拗に追求された。

　第1順位の家督相続人は法定推定家督相続人と呼ばれ、被相続人の直系卑属があげられ、この直系卑属のうちでは、親等の遠い者より近い者を、女子より男子を、嫡出でない子より嫡出子を、年少者より年長者を優先することとなっていた（明治民法970条）。武家相続に範をとったもので、多くの場合、長男の単独相続を意味した。法定推定家督相続人には相続を放棄する自由さえ認められていなかった（明治民法1020条）。遺産相続の順位については、第1順位は直系卑属であり（明治民法994条、995条）第2順位は配偶者、第3順位は直系尊属、第4順位は戸主となる（明治民法996条）。

婚外子の身分と
養子の身分の重複

事 例

被相続人には、妻との間に子Aがいた。また、女性との間に婚外子Bがいた。被相続人は、Bと養子縁組をしていた。相続開始前に、妻がすでに亡くなっていた場合、相続人は誰で、相続分はどのようなものになるか。

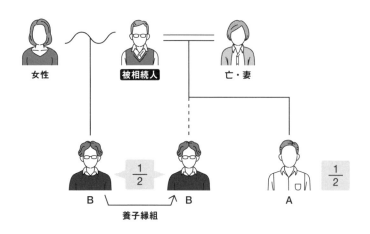

女性　　被相続人　　亡・妻

B　　$\frac{1}{2}$　　B

養子縁組

A　　$\frac{1}{2}$

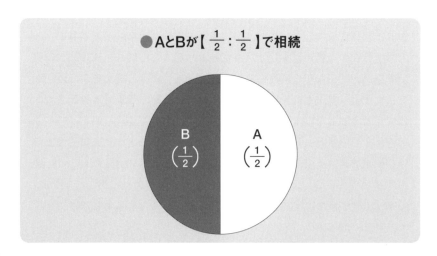

● AとBが【 $\frac{1}{2}$: $\frac{1}{2}$ 】で相続

B
$\left(\frac{1}{2}\right)$

A
$\left(\frac{1}{2}\right)$

　実親が、嫡出でない子を自分の養子とした場合、その子には実子としての地位と養子としての地位の２つの相続資格があると考えられる。

　しかし、実親が嫡出でない子を養子とした場合には、その子は養子として嫡出子の身分を取得するため（809条）、実子（嫡出子でない子）と養子としての相続資格は両立しない。そのため、結果として、養子としての相続分のみが認められることになる。

　本ケースでは、Bは被相続人の子（養子）としての資格のみを有することになり、子Aとの関係では、１対１の割合で相続分を有することになる。

⇒こちらもCHECK!

　パターン㉞で確認をしたように、基本的な考え方としては、同順位の場合にはその資格が両立し相排斥しない場合には両資格による相続を認めることになるが、子と養子の資格のケースは両立し得ない例の一つである。

ステップUP！　相続法の沿革④（昭和22年民法）

　新憲法の制定に伴い、明治民法第４編第５編を、個人の尊厳と両性の本質的平等にもとづいて全面的に改正する必要が生じ、とりあえず、「日本国憲法の施行に伴う民法の応急的措置に関する法律」（昭和22年法律74号）が立法された。その後、「民法中一部改正法律」（昭和22年法律222号）が制定され、昭和23年１月１日から改正法の施行をみたのである。

　改正法では、①家督相続の廃止による遺産相続への一本化、②配偶者相続権の強化、③均分相続制の確立、④相続と祭祀財産の分離等がなされ、明治民法とは根本的に異なる相続法が誕生した。もっとも、改正を検討するのに必要十分な時間がなかったため、憲法に抵触しない規定については、明治民法の規定がそのまま承継された部分も多かった。そのため、衆議院司法委員会において、将来の改正について、「本法は、可及的速やかに、将来において更に改正する必要があることを認める。」との附帯決議がなされていた。

相続資格の重複と相続放棄

事例

被相続人には、妻Bがいたが子はいなかった。また、兄Aがおり、弟である
Cとは養子縁組をしていた。被相続人の相続開始前に、被相続人の両親はす
でに亡くなっていたところ、弟Cは「被相続人の子供として相続をしたく
ない」との動機から相続放棄をした。この場合の相続人は誰で、相続分はど
のようなものになるか。

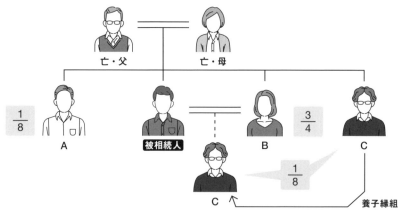

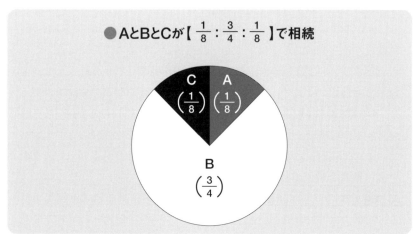

●AとBとCが【 $\frac{1}{8}$: $\frac{3}{4}$: $\frac{1}{8}$ 】で相続

　パターン㉟でも確認をしたように、Cは被相続人の兄弟としての地位と子（養子）としての地位を有することになるが、兄弟としての地位と子（養子）としての地位は相続人としての順位を異にするため、2つの相続資格を同時に主張することはできない。

　しかし、そのような考え方に基づくと、本ケースのように、異順位の相続資格を有する者が、相続放棄を行った場合には、どのような結論となるかが問題となる。

　この問題は、相続放棄の意思表示をした者の意思の解釈の問題と考えるべきであり、先順位の相続資格とともに後順位の相続資格についても相続放棄をする意思を有していたかどうかに帰着すると解されている。

　本ケースでは、Cは被相続人の子（養子）としての資格による相続を拒否しているが、兄弟としての相続についてまでは相続放棄の意思表示を示していないと解される。

　したがって、被相続人の配偶者Bと兄弟A及びCが相続人となり、配偶者Bが4分の3、A及びCが8分の1ずつ相続分を有することになる（900条3号）。

⇒こちらもCHECK！

　この問題については、他にも相続人の選択権を認める説や、先順位の資格での相続放棄は、当然に後順位の資格での相続放棄を含むと考える説が存在するが、上記のように放棄者の意思表示の解釈に帰着するとする折衷説が妥当だと考えられている（『判例先例Ⅰ』167頁以下参照）。

　なお、パターン㉞〜㊲で確認したように、原則として相続資格が異順位の場合には先順位による相続のみが認められるため、異順位の場合で問題が生じることはない。異順位の相続資格について問題となるのは、本パターンのような相続放棄の場面のみである。

相続分の譲渡

事例

被相続人には、妻Dと子A、子B、子Cがいた。子Cは自己の相続分を子A
に譲渡した。この場合の相続人は誰で、相続分はどのようなものになるか。

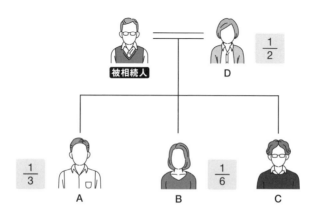

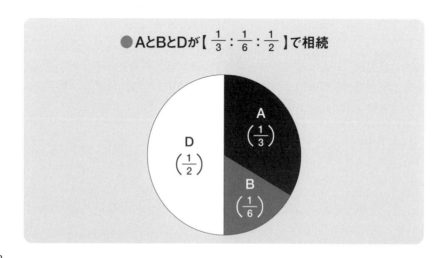

●AとBとDが【 $\frac{1}{3}$: $\frac{1}{6}$: $\frac{1}{2}$ 】で相続

905条は、相続人から第三者に対する相続分の譲渡を前提としているが、共同相続人に対する相続分の譲渡は第三者への譲渡に比して弊害も少ないことから、共同相続人間の相続分の譲渡も許容されるというのが通説的考え方である。

本パターンでは、子Cから子Aに対し相続分の譲渡が行われている。子Cの法定相続分は6分の1であり、子Aも同様であることから、子Aの相続分は3分の1（1/6+1/6）となる。

結果として、子Aは3分の1、子Bは6分の1、配偶者Dは2分の1の相続分を有することになる。

⇒こちらもCHECK!

相続分譲渡の対象となる相続分とは、譲渡時に存在をしている法定相続分であると考えられる（法定相続分権）。

この法定相続分権には、物権法上の共有持分権に加え、遺産分割において、寄与分や特別受益を主張して、遺産分割を受ける権利が含まれる（『判例先例Ⅱ』230頁以下参照）。

ステップＵＰ！　死亡の戸籍記載①（死亡の日時）

死亡の届出には死亡の年月日時分を記載しなければならない（戸籍法86条2項1号）。これらの書面の記載にもとづいて戸籍記載がなされ、死亡は年月日のみならず時分も記載される。出生の場合には届書に同じく出生の年月日時分を記載する（戸籍法49条2項2号）のに、戸籍は年月日のみの記載がなされるにとどまるのは、死亡は出生と異なって相続能力に関する同時存在の原則との関係上、死亡の先後が権利関係に影響を及ぼすためである。

正確な死亡の時刻が不明な場合は、戸籍には「推定時刻」又は「何時頃」と記載する。死亡の時間は可能な限り確定すべきであるが、一時点に確定できず、一定の時間的間隔をもって推定されるときには、その推定死亡時刻の終了時が死亡の時点とすべきである。

相続分の放棄
（相続分の譲渡への引き直し）

事例

被相続人には、妻Dと子A、子B、子Cがいた。子Cは、遺産分割協議の中で、被相続人からの相続を望まないため、遺産の取得を希望しない旨の意向を示した。この場合の相続人は誰で、相続分はどのようなものになるか。

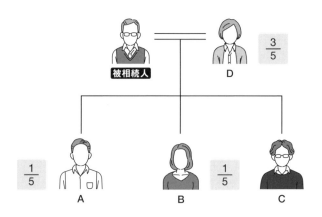

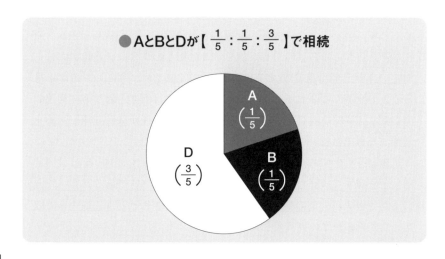

●AとBとDが【 $\frac{1}{5}$: $\frac{1}{5}$: $\frac{3}{5}$ 】で相続

（1）実務の取扱い

　相続分を放棄するには、915条以下の規定に従って、熟慮期間内に、家庭裁判所に対する申述という要式行為によらなければならない。相続分は積極財産のみならず消極財産をも含む遺産全体に対する持分であるから、他の共同相続人の承諾なくして、同人らに、放棄者の相続分を帰属させる効果を生ずるような相続分の放棄を認めることはできない。

　民法上、相続分の譲渡が認められているのと異なって、915条所定の相続の放棄以外に、相続分の放棄が認められていないのもこの理由からである。しかし、熟慮期間経過後においても、相続人が自己の相続分の取得を希望しない場合がある。相続人間に争いがあるなど遺産分割の終了までに相当な期間を要するときに、この争いに関与することを嫌って、相続人のうちには相続分を放棄して遺産分割からの脱退を望む場合がある。

　本ケースもそのような場合である。

　相続分の放棄については、255条を類推適用し、遺産に対する共有持分権を放棄する意思表示と解した上で、共同相続人の1人が相続分の放棄をした場合、相続分放棄者が本来有していた相続分は、他の共同相続人において、その相続分に応じて帰属することという処理を裁判所は行っている（片岡武＝菅野眞一編著『第4版　家庭裁判所における遺産分割・遺留分の実務』（日本加除出版、2021年）129頁以下参照）。

（2）その問題点（『判例先例Ⅱ』251頁以下参照）

　しかし、この処理には問題がある。遺産分割前においても、255条により、相続財産のうち有体物については、個々の相続財産上の共有持分を放棄することはできる。遺産共有は物権法上の共有とその性質を異にするものではないと解する以上、255条の適用を肯定することができる。

　もっとも、この共有持分の放棄は、915条以下の規定による相続の放棄とは、以下の点で異なる。

　①共有持分の放棄は、積極財産に関する共有持分の放棄にすぎないから、消極財産すなわち相続債務の負担を免れない。

　②相続財産上の共有持分の放棄がなされると、255条により、放棄した相続人の共有持分は、他の共有者にその共有持分に応じて帰属することになる。

したがって、当該財産が共同相続人のみの共有でない場合、すなわち、第三者が共有者である場合には、同人にもその共有持分に応じて、放棄者の持分が帰属することになる。

　③最も重要な点であるが、相続人が、遺産分割に属する財産の共有持分を放棄しても、遺産分割の当事者の地位は保持し続ける。共有持分を放棄した相続人は、共有持分を譲渡した場合と同様に、共有持分の処分をしたものであって、相続人として遺産分割手続の当事者であり続ける。遺産の分割においては、共有持分を処分したことを考慮される結果、遺産を取得しないことになると思われる。したがって、本ケースのCは遺産分割から脱退することはできず、その意思に反する結果となると思われる。

　したがって、相続分の放棄は、915条所定の手続による相続放棄とは法的効果が異なり、前記の実務上の取り扱いは妥当ではないことになる。

（3）本ケースでの処理

　Cは、遺産分割協議から脱退したいと考えているものと思われるが、前記のとおり、その目的を達成するためには、前記の実務上の取扱いによることはできない。すなわち、Cのみの単独の意思表示によって、Cの意図する結果を招来することはできない。

　そこで、この場合には、相続分の譲渡を考慮すべきである。相続分の譲渡であれば、譲渡人の相続分は譲受人に帰属することになって、譲渡人は遺産分割から脱退することができ、譲受人は当初の相続分に譲り受けた相続分を併せて遺産分割をすることになる。相続債務もすべて譲受人が承継する。したがって、相続人が相続分を放棄するという意思を表明した場合であっても、直ちに共有持分の放棄とすることなく、まず、相続分の譲渡の意思に引き直せないかを確認すべきである。

　すなわち、それが特定の共同相続人に対するものであるかを確認すべきであり、これが肯定されれば、その相続人への相続分の譲渡とみるべきであろう。特定の相続人に対する譲渡の意思が確認されない場合、すなわち、他の共同相続人全員のために、自己の相続分を放棄するとの意思は、他の共同相続人に対し、その相続分に応じて、自身の相続分を譲渡する意思と解し得る。Cの意思もこのようなものと思われるから、譲受人たるべきA、B、Dにこの点を確認し、同人らに異存がない場合には、A、B、Dの法定相続分は以

下のようになる。

　本ケースでは、子Cの法定相続分は6分の1であるところ、この相続分は、子Aと子Bと妻Dに対して、1：1：3の割合で按分されることになる。

　そこで、子Aは5分の1（6分の1＋30分の1）、子Bも5分の1（6分の1＋30分の1）、妻Dが5分の3（2分の1＋30分の3）の相続分を有することになる。

ステップUP❗　死亡の戸籍記載②（死亡の場所）

　届出には死亡の場所を記載しなければならない（戸籍法86条2項1号）。死亡の場所の記載を欠くことはできないが、場合によっては概括的な記載も許される。

　通常の自然的死亡の場合にあっては、戸籍記載には、一般的推定的証明力があるとされている。しかし、戸籍記載に創設的効力や公信力が認められるわけではないから、反証によって認定を覆すことができる。この反証は戸籍記載と反対の事実を証明することを要するものであって、単に戸籍の記載を疑わせる程度の反証、例えば生死不明、異時死亡の可能性があるというだけの証拠では足りない。

第 4 章

指定相続分

相続分の指定

事例

被相続人には子A、子B、子Cがいる。配偶者である夫はすでに亡くなって
いる。被相続人は生前、遺言書を作成しており、遺言書には、「Aに1/2、B
に1/3、Cに1/6の遺産を与える。」と記載してあった。この場合の相続人は
誰で、相続分はどのようなものになるか。

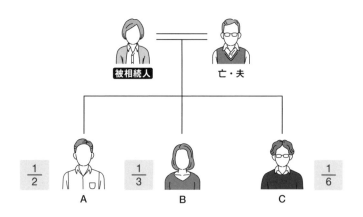

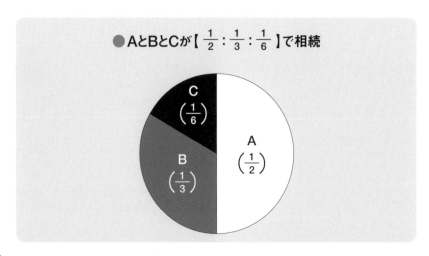

● AとBとCが【 $\frac{1}{2}$ ： $\frac{1}{3}$ ： $\frac{1}{6}$ 】で相続

　902条1項は「被相続人は、前二条の規定にかかわらず、遺言で、共同相続人の相続分を定め」ることができるとしており、被相続人は、遺言で、共同相続人の相続分を法定相続分の割合と異なった割合で定めることができる。これを相続分の指定といい、指定された相続分を指定相続分という。

　したがって、被相続人の遺言において、法定相続分の割合と異なった割合での相続分の指定がされている場合には、その指定相続分通りに各相続人は相続分を有することになる。

⇒こちらもCHECK!

　なお、指定相続分が相続人の遺留分を侵害している場合には、侵害額請求の対象となることは別途検討をする必要がある（1046条1項）。

ステップUP！　配偶者居住権の内容

　配偶者に居住建物における居住を確保するとともに、預貯金等の遺産取得をも可能とするべく、平成30年の民法の一部改正により、被相続人の配偶者は、遺産である建物に相続開始の時に居住していた場合には、遺産分割によって居住建物について無償で使用及び収益をする権利である配偶者居住権（所有権より低額であることが予定される）を取得することができる制度が創設された（1028条）。

　配偶者居住権の居住期間は、原則として終身であり、その間配偶者の居住権は保障されるというメリットがある反面、配偶者居住権は譲渡が禁止されているため換価が困難であるというデメリットがある。

　したがって、生存配偶者が同建物に長期間居住することが予想される場合には適切な遺産分割方法というべきであろう。しかし、配偶者居住権を取得した配偶者に、転居せざるを得ない事情、例えば介護施設に入居せざるを得ないような状況が発生した場合に、転居に必要な資金が得られないおそれがある。もし、このような事例が近い将来に予想されるのであれば、他の分割方法を考慮すべき必要がある。

共同相続人の一部への指定
（相続人に配偶者なし）

事例

被相続人には子A、子B、子Cがいる。配偶者である夫はすでに亡くなっている。被相続人は生前、遺言書を作成しており、遺言書には、「Aに1/2の遺産を与える。」とのみ記載してあった。この場合の相続人は誰で、相続分はどのようなものになるか。

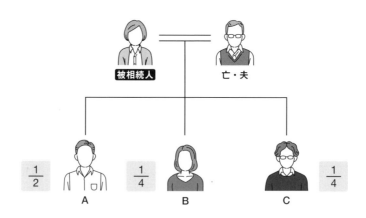

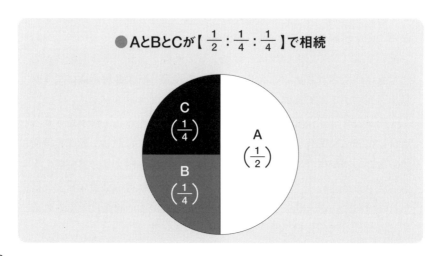

●AとBとCが【 $\frac{1}{2}$ ： $\frac{1}{4}$ ： $\frac{1}{4}$ 】で相続

　被相続人は、相続人全員について相続分を指定することもできるが、一部の相続人についてだけ相続分を指定することもできる。この場合について、902条2項は「被相続人が、共同相続人中の一人若しくは数人の相続分のみを定め、又はこれを第三者に定めさせたときは、他の共同相続人の相続分は、前二条の規定により定める。」としており、相続分の指定を受けなかった相続人の相続分は、法定相続分にしたがって定めることになる。

　本ケースにおいて、相続人は3名の子であるところ、そのうちの1名（A）に対して2分の1の相続分が指定されており、残りの相続分は2分の1である。そして、残る相続人（B及びC）は、お互い被相続人の子であるため、その法定相続分の割合は2分の1ずつである。そのため、B及びCは各自4分の1ずつの相続分を有することになる。

⇒こちらもCHECK!

　なお、上記計算は、相続分の指定を受けなかった相続人の中に配偶者が含まれなかった場合の計算となる。相続人の中に配偶者が含まれている場合については次頁パターン㊸を参照。

共同相続人の一部への指定
（相続人に配偶者あり）

事例

被相続人には子A、子Bがいる。また、夫であるCも存命である。被相続人は生前、遺言書を作成しており、遺言書には、「Aに1/3の遺産を与える。」と記載してあった。この場合の相続人は誰で、相続分はどのようなものになるか。

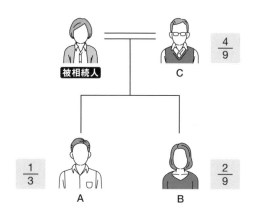

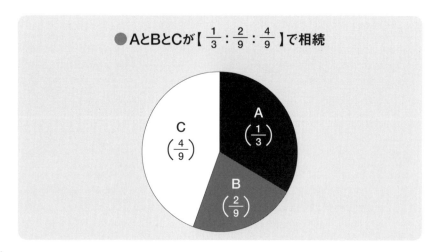

●AとBとCが【 $\frac{1}{3}$: $\frac{2}{9}$: $\frac{4}{9}$ 】で相続

パターン㊷において確認したように、被相続人は、一部の相続人について
だけ相続分を指定することもでき、相続分の指定を受けなかった相続人の相
続分は、法定相続分にしたがって定めることになる。

この場合に、相続分の指定を受けなかった相続人の中に、配偶者が含まれ
ているときには、相続分の指定は配偶者の相続分に対しても影響を与えると
して、指定相続分を除いた残余の相続分について、法定相続分の割合に従っ
て分けるという考え方が、通説的考え方とされている（潮見佳男編『新注釈
民法⒆　相続（1）第2版』（有斐閣、2023年）298頁）。

本ケースにおいて、相続人は3名であるところ、そのうちの1名（A）に
対して3分の1の相続分が指定されており、残りの相続分は3分の2である。

その上で、上記考え方に基づけば、Bの法定相続分4分の1とCの法定相
続分2分の1とでこれを按分することになるため、Bが9分の2（3分の2
×3分の1）、Cが9分の4（3分の2×3分の2）の相続分を有することにな
る。

⇒こちらもCHECK！

上記通説的見解に対して、相続人の一部に対する相続分の指定は配偶者の
法定相続分に影響を及ぼさないと解し、配偶者は法定相続分通り2分の1の
相続分を有し、残余をその他の相続人で分けるという考え方も有力に主張さ
れている（本パターンでは、配偶者であるCが法定相続分通り2分の1の相続分
を有するため、残る6分の1の相続分をBが有するということになる）。

共同相続人の一部への指定
（指定相続分のない相続人あり）

事例

被相続人には子A、子B、子Cがいる。配偶者である夫はすでに亡くなっている。被相続人は生前、遺言書を作成しており、遺言書には、「Aに2/3、Bに1/3の遺産を与える。」と記載してあった。この場合の相続人は誰で、相続分はどのようなものになるか。

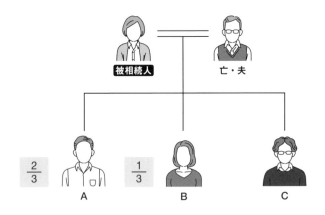

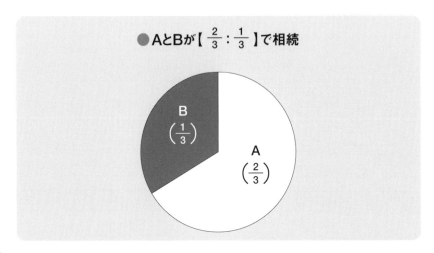

●AとBが【 $\frac{2}{3}$: $\frac{1}{3}$ 】で相続

　パターン㊷において確認したように、被相続人は、一部の相続人について
だけ相続分を指定することもでき、相続分の指定を受けなかった相続人の相
続分は、法定相続分にしたがって定めることになる。

　このようなケースにおいて、遺言書で指定した相続分の合計がそれだけで
「1」になってしまう場合、すなわち指定を受けなかった相続人の相続分が
無い場合はどのように考えるべきか。

　これは遺言解釈の問題となるが、遺留分の侵害の問題は別段、相続分の指
定を受けなかった相続人がいることのみを理由として遺言自体を無効にする
理由はないと考えるべきであるから、遺言書に記載された相続分にしたがい、
相続分を決するべきであると解されている。

　本ケースにおいて、Aに対して3分の2の相続分が指定されており、Bに
対して3分の1の相続分が指定されているため、すべての相続分についての
指定がなされていることになる。

　したがって、残余の相続分は存在しないため、Cには相続分はないという
結論となる。

⇒こちらもCHECK!

　同様に指定相続分をゼロとして指定することも可能である。

　ただし、指定相続分をゼロと指定することが、当該相続人を廃除する意思
のあらわれであるとは必ずしもならない（『判例先例Ⅱ』28頁参照）。

相続分の指定と特定財産承継遺言

事例

被相続人には子A、子B、子Cがいる。夫はすでに亡くなっている。被相続人は遺言書を作成しており、同遺言書には、「Aには不動産をすべて相続させる」と記載してある。被相続人の遺産は不動産3000万円と預貯金9000万円であり、負債が6000万円ある。この場合の相続人は誰で、相続分はどのようなものになるか。

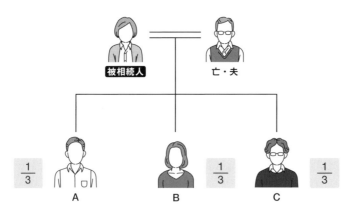

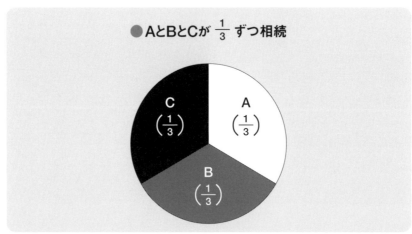

●AとBとCが $\frac{1}{3}$ ずつ相続

　被相続人が特定の遺産を「相続させる」旨の遺言（特定財産承継遺言）を作成した場合、当該遺産を当該相続人をして単独で相続させる遺産分割方法が指定されたものとされる（1014条2項。最判平成3年4月19日民集45巻4号477頁）。

　Aに不動産をすべて取得させるという遺言はこの特定財産承継遺言にあたり、遺産分割を経ずに、Aが不動産を単独で取得することになる。特定財産承継遺言は相続分の指定の趣旨を含んでいないから、A、B、Cは各自3分の1ずつの法的相続分を有することになる。

　その後、A、B、C間で遺産の分割が行われる。ところで、遺産の分割とは、法定相続分ないし指定相続分を基本にして、生前贈与や遺贈を受けた相続人がいる場合（特別受益者。903条）や被相続人の財産の維持又は増加に特別の寄与をした相続人がいる場合（特別寄与者。904条の2）に、これらを考慮して具体的相続分を算定し、この具体的相続分に従って、遺産に含まれる具体的な財産を分割するものである。具体的相続分は特別受益者や特別寄与者がいない場合には、法定相続分や指定相続分と同じこととなるが、異なる概念であることに注意しなければならない。

　本ケースでの遺産分割では、不動産はすべてAが取得しているであるから、残りの遺産である預貯金9000万円のみをA B、Cで分割することになる。A、B、C各自の相続分は3分の1であるが、Aはすでに不動産3000万円を取得しているのであるから、この点を考慮して具体的相続分を算定しなければならない。

　算定式は以下のようになる（ただし、A、B、Cがいずれも特別受益者・特別寄与者でないことを前提としているので、いずれかが特別受益者あるいは特別寄与者である場合には、算定結果が異なることに注意）。

　Aの具体的相続分
（不動産3000万円＋預貯金9000万円）×1／3－不動産3000万円＝1000万円
　B及びCの具体的相続分
（不動産3000万円＋預貯金9000万円）×1／3＝4000万円

この具体的相続分に従って、預貯金9000万円を分割することになる。
　したがって、Aは預貯金1000万円、B及びCはいずれも預貯金4000万円ず

つをそれぞれ取得する。このほか、Aは不動産3000万円を取得しており、A、B、Cは結局法定相続分どおりに遺産を取得することになる。

　また、負債6000万円については、A、B、Cは、各自の法定相続分3分の1に従って、2000万円ずつを負担する。

⇒こちらもCHECK！

　『判例先例Ⅱ』19頁以下参照。

1　異なる考え方

　本ケースとは異なり、遺言書によりAが相続する不動産の価値が6000万円で、Aの法定相続分相当額5000万円（（不動産6000万円＋預貯金9000万円）×3分の1＝5000万円）を上回っていた場合に異なる考えをする説がある。

　すなわち、この場合、この遺言書により、Aに法定相続分3分の1を上回る15分の6（＝不動産6000万円÷（不動産6000万円＋預貯金9000万円））が相続分として指定されたとする。しかし、この説は妥当ではない。

　①この説は、特定財産が法定相続分を超える場合であっても、相続分の指定を伴うと解することによって、受益相続人（本ケースのA）はその超過分について代償金を払うことなく特定財産を取得することができるが、相続分の指定を伴わないと解すると、超過分について代償金の支払いの問題が生ずると考えていると思われる。そのために、受益相続人に代償金の支払いなしに特定財産を取得させる目的で、相続分の指定がなされたと解するのである。しかし、相続分の指定によっては、代償金の支払いを回避するという目的を果たすことはできない。けだし、代償金の支払いの有無は具体的相続分によって決まり、この具体的相続分は、遺産分割手続において特別受益・寄与分を考慮した後に算定されるものであって、相続分の指定によってこれを行うことはできないからである。この説は、指定相続分と具体的相続分とを混同しているといわざるを得ない。

　②特定財産が法定相続分を超えない場合には相続分の指定を伴い、超えない場合には相続分の指定はなされないとするのは、被相続人の意思の推測としては恣意的であって、単なる擬制に過ぎないといわざるを得ない。

　③相続分が指定されると、受益相続人（本ケースのA）は法定相続分を超える指定相続分の範囲で相続債務を承継することになるが、これは遺言者の通常の意思に合致するとまでは言い難いと思われる。遺言者は特定の財産を、

遺産分割を経ずに受益相続人に承継させることを意図したにとどまるのではなかろうか。

2　この場合の考え方

　前掲最判平成3年4月19日は、相続分の指定に何ら触れていないのであって、遺産分割方法の指定に相続分の指定が伴うと解する必要はない。特定財産承継遺言がなされた場合、それにより遺産の一部分割がなされ、その後未分割遺産について残部分割がなされ、併せて遺産分割が完了するのである。ところで、一般的には、共同相続人が行う一部分割と残部分割は併せて一個の遺産分割手続をなすのであるから、両分割を通じて相続人全員の相続分が満足されればよい。

　したがって、受益相続人にとり、当初の一部分割によって取得した特定財産が残部分割と併せて算定される具体的相続分に満たない場合には、さらに残部分割において不足分を取得することができるが、具体的相続分を超えた場合にはやや問題となる。けだし、一部分割で具体的相続分を超えて取得した相続人は、特段の事情がない限り、残部分割において、その超過分の支払をする必要があるとされている。しかし、この一部分割と残部分割の関係は、共同相続人全員による遺産分割を前提としている。したがって、共同相続人間の衡平が考慮されなければならない。しかし、特定財産承継遺言により擬制される一部分割は、遺言者の意思の推測に基づくものであり、ここでは、共同相続人間の衡平よりも遺言者の意思が尊重されるべきである。

　そこで、超過特別受益者についての民法903条2項の規定を類推することにより、受益相続人（本ケースのA）は、残部分割においてさらに遺産を取得することはできないが、具体的相続分を超えた部分の支払いをする必要がないと解すべきであろう。

　このケースでの遺産分割は、以下のようになる。

　Aは不動産6000万円を、BとCは預貯金をいずれも4500万円ずつ取得する。A、B、C間には、遺産取得について差が生ずるが、これは被相続人の意思を尊重したことによるものと解することになる。

　したがって、受益相続人（本ケース場合のA）が法定相続分を上回るか下回るかにかかわらず、このように考えることになる。

共同相続人への指定が
1に満たない場合

事例

被相続人には子A、子B、子Cがいる。配偶者である夫はすでに亡くなっている。被相続人は生前、遺言書を作成しており、遺言書には、「Aに1/3、Bに1/4、Cに1/4の遺産を与える。」と記載してあった。この場合の相続人は誰で、相続分はどのようなものになるか。

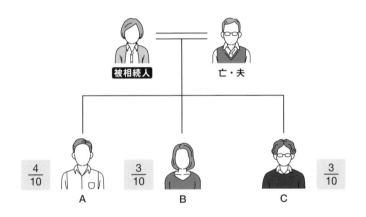

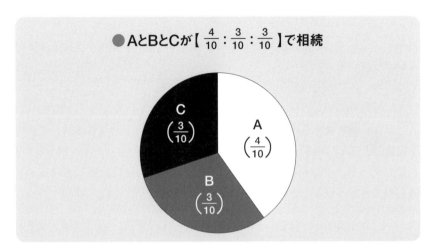

●AとBとCが【 $\frac{4}{10}$: $\frac{3}{10}$: $\frac{3}{10}$ 】で相続

　パターン㊷において確認したように、被相続人は、一部の相続人について
だけ相続分を指定することもでき、相続分の指定を受けなかった相続人の相
続分は、法定相続分にしたがって定めることになる。

　このようなケースにおいて、被相続人が遺言書で指定した相続分の合計が、
「1」に満たない場合、すなわち相続分の指定の合計が遺産全体に対して不
足する場合はどのように考えるべきか問題となる。

　このような場合であっても、相続分の指定のすべてを無効として法定相続
分に従い相続分を定めると解するべきではなく、被相続人の意向を汲み、遺
言をできるだけ有効として解釈するべきである。

　具体的には、遺言書によって定められた各指定相続分を全体財産の割合に
合わせて比例的に修正して、各相続人の相続分を算定するべきであると解さ
れている。

　本ケースにおいては、ABCの指定相続分の合計は$1/3 + 1/4 + 1/4 = 10/12$
となっている。したがって、各指定相続分を12/10倍することで、全体財産
の割合に合わせることができることになる。

　これに基づき計算をすると、Aについては、$1/3 × 12/10 = 4/10$、Bについ
ては$1/4 × 12/10 = 3/10$、Cについては$1/4 × 12/10 = 3/10$となる。

⇒こちらもCHECK!

　遺言の解釈については，最判昭和58年3月18日判例時報1075巻115頁も参
照。

共同相続人への指定が
1を超過する場合

事例

被相続人には子A、子B、子Cがいる。配偶者である夫はすでに亡くなっている。被相続人は生前、遺言書を作成しており、遺言書には、「Aに1/2、Bに1/3、Cに1/4の遺産を与える。」と記載してあった。この場合の相続人は誰で、相続分はどのようなものになるか。

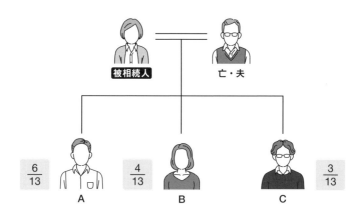

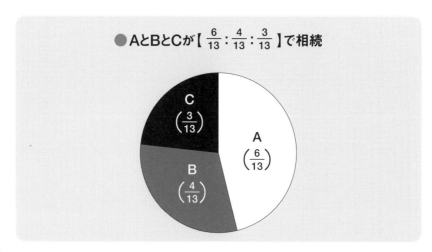

●AとBとCが【 $\frac{6}{13}$: $\frac{4}{13}$: $\frac{3}{13}$ 】で相続

　被相続人が遺言書で指定した相続分の合計が「1」を超過した場合であっても、相続分の指定事体を無効として法定相続分にしたがい相続分を定めると解するべきではなく、被相続人の意向を汲み、遺言をできるだけ有効として解釈するべきである。

　このような場合においても、パターン㊻と同様、遺言書によって定められた各指定相続分を全体財産の割合に合わせて比例的に修正して、各相続人の相続分を算定するべきであると解されている。

　本ケースにおいては、ABCの指定相続分の合計は$1/2 + 1/3 + 1/4 = 13/12$となっている。

　したがって、各指定相続分を12/13倍することで、全体財産の割合に合わせることができることになる。

　これに基づき計算をすると、Aについては、$1/2 \times 12/13 = 6/13$、Bについては$1/3 \times 12/13 = 4/13$、Cについては$1/4 \times 12/13 = 3/13$となる。

⇒こちらもCHECK!

　パターン㊻の「こちらもCHECK！」の項目参照。

相続分の指定と相続放棄

事例

被相続人には子A、子B、子Cがいる。配偶者である夫はすでに亡くなっている。被相続人は生前、遺言書を作成しており、遺言書には、「Aに1/2、Bに1/3、Cに1/6の遺産を与える。」と記載してあった。ところが、子Aが相続を放棄した。この場合の相続人は誰で、相続分はどのようなものになるか。

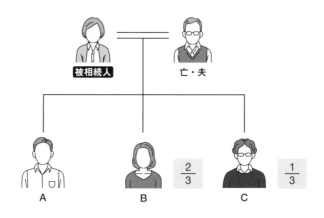

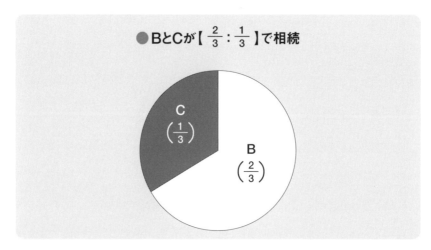

● BとCが【 $\frac{2}{3}$: $\frac{1}{3}$ 】で相続

　被相続人が相続人全員に相続分の指定をしたが、指定を受けた者の一部が相続放棄をした場合には、どのように考えるべきかが問題となる。

　939条は「相続の放棄をした者は、その相続に関しては、初めから相続人とならなかったものとみなす。」としており、相続放棄をした者は相続人ではなくなる。したがって、相続人ではない者に対する相続分の指定はないことになる。

　この場合、相続分の指定全部が無効になり法定相続分による相続になるという考え方もあり得るが、遺言はできるだけ有効として解釈するべきであるから、相続放棄をした被指定者に対する相続分の指定のみが無効となると解するべきである。

　その上で、最終的な相続分をどのようにするかについては、解釈に争いがあるが、他の指定相続人が指定相続分の割合で取得すると解するのが遺言者の意思に適うと考えられる。

　本パターンでは、Aに対して指定されていた相続分である1/2について、B及びCが $(1/3 : 1/6) = 2 : 1$ の割合で取得することになり、最終的な相続分は、Bが $1/3 + 1/2 \times 2/3 = 2/3$、Cが $1/6 + 1/2 \times 1/3 = 1/3$ となる。

相続分の指定と相続放棄
(指定相続分のない相続人あり)

■ 事 例 ├

被相続人には子A、子B、子C及びDがいる。配偶者である夫はすでに亡くなっている。被相続人は生前、遺言書を作成しており、遺言書には、「Aに1/2、Bに1/3、Cに1/6の遺産を与える。」と記載してあった。ところが、子Aが相続を放棄した。この場合の相続人は誰で、相続分はどのようなものになるか。

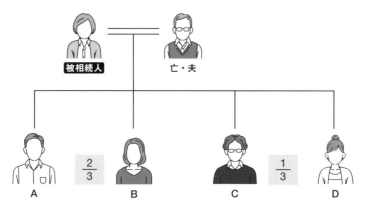

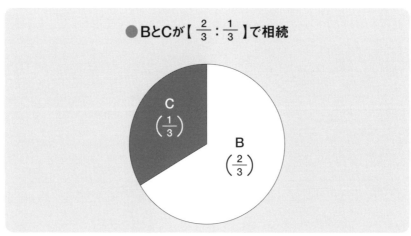

●BとCが【 $\frac{2}{3}$: $\frac{1}{3}$ 】で相続

被相続人が相続分の指定をしたが相続人全員には相続の指定をしなかった場合において、指定を受けた者の一部が相続放棄をしたときには、どのように考えるべきかが問題となる。

パターン㊽で確認をしたように、「相続の放棄をした者は、その相続に関しては、初めから相続人とならなかったものとみなす。」（939条）ため、相続放棄をした者は相続人ではなくなる。したがって、相続人ではない者に対する相続分の指定はないことになる。そして、遺言全体が無効になり法定相続分による相続になるという考え方は取らず、遺言はできるだけ有効として解釈するべきであるから、相続放棄をした被指定者に対する相続分の指定のみが無効となると解するべきであるという点もパターン㊽で確認をした通りである。

その上で、最終的な相続分をどのようにするかについては、相続分の指定を受けたものの相続放棄をした者の相続分を誰にどのように帰属されるかの問題になることになる。

これについて解釈に争いがあるが、遺言により相続分の指定を行わなかった者については相続分を与えないというのが遺言者の合理的な意思ではないかと解されるため、他の指定相続人が指定相続分の割合で取得すると解するのが遺言者の意思に適うと考えられる。

本パターンでは、Aに対して指定されていた相続分である1/2について、B及びCのみが指定相続分の割合（1/3：1/6）＝2：1で取得することになり、最終的な相続分は、Bが$1/3+1/2\times2/3=2/3$、Cが$1/6+1/2\times1/3=1/3$となる。Dには相続分はないことになる。

⇒こちらもCHECK！

上記の考え方の他に、被指定者に対する相続分を単純に残された相続人全員で法定相続分にしたがって分配をするという考え方や、相続分の指定を受けた相続人に対しては指定した以上の相続分を与えないというのが遺言者の意思であると解して、相続分の指定を受けなかった法定相続人のみで相続分を分配するという考え方などが考えられる（『判例先例Ⅱ』29頁参照）。

特定財産承継遺言と代襲相続

事 例

被相続人には妻A、子B及びCがいる。また、子Cには妻と子（被相続人の孫）Dがいる。被相続人が「自分の財産のすべてをCに相続させる」旨の遺言を残していたが、遺言作成後に子Cは亡くなってしまった。この場合の相続人は誰で、相続分はどのようなものになるか。

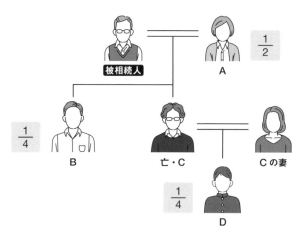

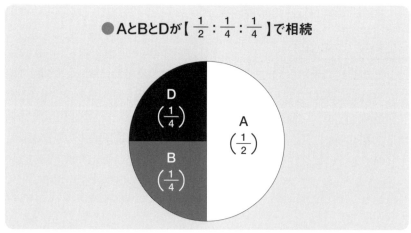

●AとBとDが【 $\frac{1}{2}$: $\frac{1}{4}$: $\frac{1}{4}$ 】で相続

　被相続人は、すべての財産を「相続させる」旨の遺言（特定財産承継遺言）を作成しているが、その対象者がすでに死亡してしまっている場合は、その遺言をそのまま実現することはできない。

　他方で、これまで確認をしてきたように、法定相続人が被相続人より先に亡くなってしまっている場合には、代襲相続という制度がある（パターン㉒〜㉜）。

　そこで、本パターンのように、「相続させる」旨の遺言により相続財産を相続する予定であった者が、被相続人より先に亡くなってしまっていた場合に、その子が代襲相続人として、相続財産を承継することができるかが問題となる。

　この点について、判例は、「相続させる旨の遺言をした遺言者は、通常、遺言時における特定の推定相続人に当該遺産を取得させる意思を有するにとどまる」「推定相続人の代襲者その他の者に遺産を相続させる旨の遺志を有していたとみるべき特段の事情のない限り、その効力を生ずることはない」とした（最判平成23年2月22日民集65巻2号699頁）。

　そのため、相続させる旨の遺言に関して、代襲相続が起きることなく、遺言は無かったものとして、法定相続が発生することになる。

　本ケースにおいて、配偶者Aと子B、子Cを代襲相続することになるDが相続人になることになり、その法定相続分は配偶者が1/2、子らが1/4ずつということになる。

⇒こちらもCHECK!

　被相続人が、被相続人の孫に対して、遺産を相続させることを考えているような場合には、相続開始時に子が死亡していた場合に備えて、予備的遺言を作成することが望ましいと考えられる。

第**5**章

遺留分

直系尊属のみ

事例

被相続人は未婚であり、配偶者も子もいない。他方で、被相続人の母Aは存命である。被相続人は「自分の財産のすべてをB基金に寄付する。」との遺言を残していた。この場合の遺留分権利者は誰で、個別的遺留分はどのようなものになるか。

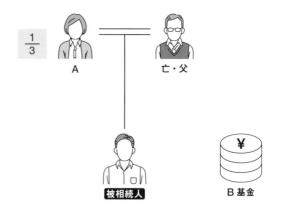

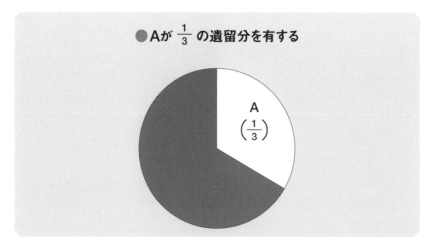

● A が $\frac{1}{3}$ の遺留分を有する

　直系尊属のみが相続人である場合、相続人は、被相続人が相続開始の時において有した財産の価額にその贈与した財産の価額を加えた額から債務の全額を控除した額（1043条1項）に対し、3分の1の遺留分を有する（1042条1項1号）。

　本パターンでは、被相続人に子も配偶者もおらず、存命の直系尊属であるAのみが法定相続人であるため、Aが3分の1の遺留分を有することになる。

⇒こちらもCHECK!

　なお、ここでの遺留分はいわゆる総体的遺留分のことを指し、遺留分権利者が複数存在するときには、各遺留分権利者が有する個別的遺留分（相続財産上の持分的割合）については、総体的遺留分を基礎に法定相続分に基づき算定する必要があることになる（1042条2項）。

　例えば、本パターンにおいて、被相続人の両親が存命であった場合、直系尊属2名が法定相続人となり、「各自の相続分は相等しいもの」となる（民法第900条4号）。

　したがって、3分の1の総体的遺留分を被相続人の両親がそれぞれ等分することになるため、各自6分の1の遺留分を有することになる。

ｽﾃｯﾌﾟUP!　持戻し免除規定の推定①

　配偶者については、その居住権を保護しつつ、将来の生活のために一定の財産を確保させる必要性が高まっている。残された配偶者が相続開始後にも引き続きこれまでの居住建物に居住するために、被相続人が生前に居住建物を譲渡し、あるいは遺贈することがある。

　その際、特別受益制度（903条）が適用されることにより、居住建物等の価額が遺産に持ち戻されて配偶者の相続分が算定され、その結果、居住建物以外の預貯金等の遺産の取得が困難になるか、あるいは少なくなる場合が予想される。

配偶者のみ

事 例

被相続人には妻Aがいるが、子はいない。他方で、被相続人の両親もすでに亡くなっており、被相続人には兄弟もいない。被相続人が「自分の財産のすべてを愛人であるBに譲る」旨の遺言を残していた。この場合の遺留分権利者は誰で、個別的遺留分はどのようなものになるか。

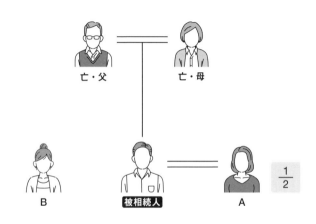

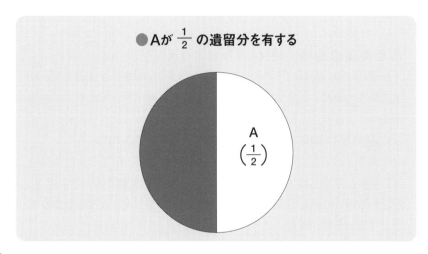

● Aが $\frac{1}{2}$ の遺留分を有する

直系尊属のみが相続人である場合以外の場合は、相続人は、被相続人が相続開始の時において有した財産の価額にその贈与した財産の価額を加えた額から債務の全額を控除した額（1043条1項）に対し、「2分の1」の遺留分を有する（1042条1項2号）。

本パターンでは、被相続人には配偶者以外の相続人がいないため、配偶者であるAが2分の1の遺留分を有する。

⇒こちらもCHECK!

直系尊属のみが相続人である場合とそれ以外の場合では、総体的遺留分の割合が異なる点に注意（1042条1項1号と2号の違い）。

ステップUP！　持戻し免除規定の推定②

平成30年の民法一部改正により903条4項は、婚姻期間が20年以上の夫婦の一方である被相続人が、他の一方に対し、その居住の用に供する建物又はその敷地（居住不動産）について遺贈又は贈与をしたときは、903条3項の持戻し免除の意思表示があったものと推定し、遺産分割においては、原則として当該居住用不動産の持戻し計算を不要として、結果として贈与等を受けた配偶者は、最終的により多くの財産を取得することができることとした（租税法では贈与税の特例として、婚姻期間が20年以上の夫婦間で、居住用不動産の贈与が行われた場合等に、基礎控除に加え最高2000万円の控除を認める税法上の特例を認める制度（相続税法21条の6）があり、この制度は、配偶者の死亡により残された他方配偶者の生活に配慮するものである。今回の民法一部改正も、この特例と相俟って配偶者の生活保障を厚くするものとされる）。

903条4項によれば、遺贈等の対象となる不動産は「居住の用に供する建物又はその敷地」に限定される。居住用不動産は老後の生活保障に必要とされ、その遺贈等は類型的に被相続人が残存配偶者の老後の生活保障を目的することが多いことに基づいている。したがって、金銭や収益不動産を遺贈した場合には、同項の適用を受けられない。

子のみ

―― 事 例 ――

被相続人には子Aがいる。他方で、被相続人の妻も両親もすでに亡くなっており、被相続人には兄弟もいない。被相続人が「自分の財産のすべてをB財団に寄付する。」旨の遺言を残していた。この場合の遺留分権利者は誰で、個別的遺留分はどのようなものになるか。

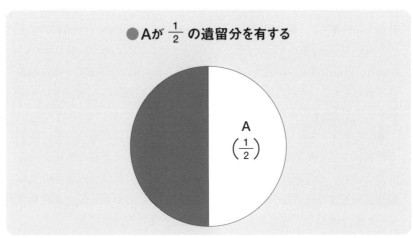

● Aが $\frac{1}{2}$ の遺留分を有する

　直系尊属のみが相続人である場合以外の場合は、相続人は、被相続人が相続開始の時において有した財産の価額にその贈与した財産の価額を加えた額から債務の全額を控除した額（1043条1項）に対し、「2分の1」の遺留分を有する（1042条1項2号）。

　本パターンでは、被相続人には子以外の相続人がいないため、子であるAが2分の1の遺留分を有することになる。

ステップ⓾⓿！　預貯金の払戻し

　最高裁（最決平成28年12月19日民集70巻8号2121頁）は、従前の判例を変更し、預貯金債権を遺産分割の対象に含まれるとした。預貯金債権については、同決定前は、相続開始と同時に各共同相続人の相続分に従って当然に分割され、各共同相続人は自身に帰属した債権を単独で行使することができると考えられていたが、同決定により、遺産分割前には、共同相続人の全員の同意を得た上で行使しなければならないこととなった。

　しかし、共同相続人において被相続人が負担していた債務を弁済する必要がある場合や共同相続人の当面の生活費を支出する必要がある場合などに、共同相続人全員の同意を得ることができないときには、預貯金を払い戻すことができないという不都合が生ずる。

　そこで、平成30年の民法の一部改正により、共同相続人の種々の資金需要に迅速に対応することを可能にするため、各共同相続人が、遺産分割前に、裁判所の判断を経ることなく、一定額の範囲で遺産に含まれる預貯金債権を行使することができる制度が設けられた（909条の2）。

配偶者と子

━ 事 例 ━

被相続人には夫Aと子Bがいる。ところが、被相続人は「自分の財産のすべてを友人に遺贈する。」との遺言を残していた。この場合の遺留分権利者は誰で、個別的遺留分はどのようなものになるか。

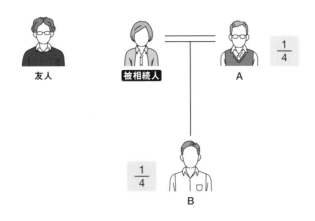

友人　　　被相続人　　　A　　$\dfrac{1}{4}$

$\dfrac{1}{4}$　B

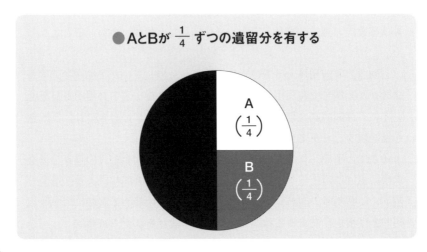

● AとBが $\dfrac{1}{4}$ ずつの遺留分を有する

A $\left(\dfrac{1}{4}\right)$

B $\left(\dfrac{1}{4}\right)$

　直系尊属のみが相続人である場合以外の場合は、相続人は、被相続人が相続開始の時において有した財産の価額にその贈与した財産の価額を加えた額から債務の全額を控除した額（1043条1項）に対し、「2分の1」の（総体的）遺留分を有する（1042条1項2号）。

　また、遺留分権利者が複数存在するときには、各遺留分権利者が有する個別的遺留分については、総体的遺留分を基礎に法定相続分に基づき算定する必要ことになる（1042条2項）。

　本パターンでは、被相続人の法定相続人は、配偶者Aと子Bであるため、その法定相続分は、パターン⑤で確認をしたように、配偶者の相続分が2分の1、直系尊属の相続分は2分の1となる（900条1号）。したがって、2分の1の総体的遺留分をAとBがそれぞれ上記法定相続分に基づき分けることになるため、Aが4分の1、Bが4分の1の遺留分を有することになる。

配偶者と直系尊属

事 例

被相続人には妻Aがいるが子はいない。他方で、被相続人の母Bは存命である。被相続人は「自分の財産のすべてを友人に遺贈する。」との遺言を残していた。この場合の遺留分権利者は誰で、個別的遺留分はどのようなものになるか。

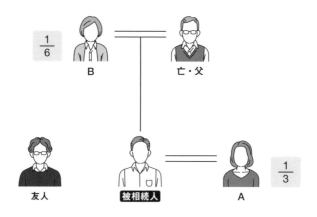

$\dfrac{1}{6}$ B ━━ 亡・父

友人 被相続人 ━━ A $\dfrac{1}{3}$

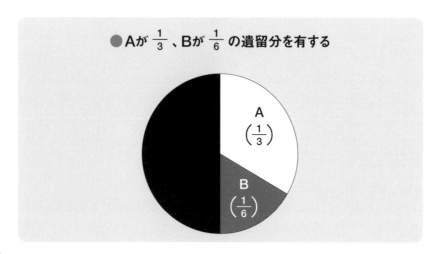

● Aが $\dfrac{1}{3}$ 、Bが $\dfrac{1}{6}$ の遺留分を有する

A $\left(\dfrac{1}{3}\right)$

B $\left(\dfrac{1}{6}\right)$

　直系尊属のみが相続人である場合以外の場合は、相続人は、被相続人が相続開始の時において有した財産の価額にその贈与した財産の価額を加えた額から債務の全額を控除した額（1043条1項）に対し、「2分の1」の（総体的）遺留分を有する（1042条1項2号）。

　また、遺留分権利者が複数存在するときには、各遺留分権利者が有する個別的遺留分については、総体的遺留分を基礎に法定相続分に基づき算定する必要ことになる（1042条2項）。

　本パターンでは、被相続人の法定相続人は、配偶者Aと存命の直系尊属であるBであるため、その法定相続分は、パターン⑧で確認をしたように、配偶者の相続分が3分の2、直系尊属の相続分は3分の1となる（900条2号）。したがって、2分の1の総体的遺留分をAとBがそれぞれ上記法定相続分に基づき分けることになるため、Aが3分の1、Bが6分の1の遺留分を有することになる。

ステップＵＰ！　遺留分侵害額請求権

　平成30年の民法の一部改正前は、遺留分に関する権利を行使すると、当然に物権的効果が生じ、遺贈又は贈与の一部が無効となるとされていた。そのため、遺贈等の目的財産は遺留分権利者と受遺者等との間で共有になる場合が多かった。

　しかし、これでは、共有関係の解消をめぐって新たな紛争を生じさせる上、遺贈等の目的財産が事業用財産であった場合には円滑な事業承継を困難にするとの批判があった。

　また、明治民法が採用していた家督相続制度のもとでは、遺留分制度は家産の維持を目的とする制度であり、物権的効果を認める必要性が高かったが、現在の遺留分制度は、遺留分権利者の生活保障や遺産の形成に貢献した遺留分権利者の潜在的持分の清算等を目的とする制度となっており、この趣旨からすると、遺留分権利者に遺留分侵害額に相当する価額を返還させることで十分であるとされていた。

　そこで、同改正により、遺留分に関する権利行使により遺贈又は贈与の一部が当然に無効となり、共有状態となるという規定は改められ、遺留分に関する権利を行使することにより、金銭債権が発生することとされた（1046条1項）。遺留分侵害額請求権と呼ばれる。

遺留分と代襲相続

事例

被相続人には子A及び配偶者である妻がいたが、両者はすでに亡くなっている。また、子Aには妻と子Bがいる。被相続人が「自分の財産のすべてを長年の友人にすべて譲る」旨の遺言を残していた。この場合の遺留分権利者は誰で、個別的遺留分はどのようなものになるか。

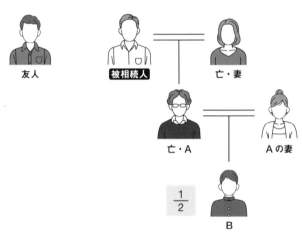

友人　　被相続人　　亡・妻

亡・A　　Aの妻

$\frac{1}{2}$

B

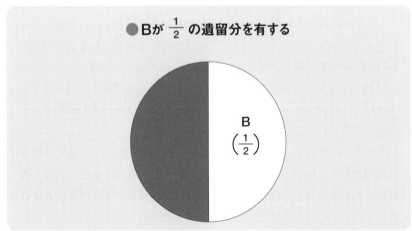

● Bが $\frac{1}{2}$ の遺留分を有する

B
$\left(\frac{1}{2}\right)$

　直系尊属のみが相続人である場合以外の場合は、相続人は、被相続人が相続開始の時において有した財産の価額にその贈与した財産の価額を加えた額から債務の全額を控除した額（1043条1項）に対し、「2分の1」の遺留分を有する（1042条1項2号）。

　他方で、相続人である子がすでに亡くなっている場合には、その子が代襲相続人となるが（887条2項）、代襲相続人が遺留分権利者になるかについて問題がある。

　この点については、遺留分の割合を定めた、1042条2項において、代襲相続人の相続分に関する901条の定めが用いられていることから、子の代襲相続人も、被代襲者と同じように遺留分権利者となることがわかる。

　本パターンでは、相続人である子Aがすでに亡くなっているため、その子Bが代襲相続人となり、代襲相続人として2分の1の遺留分を有することになる。

⇒こちらもCHECK!

　なお、欠格、廃除の場合には同様に代襲相続が発生するため、代襲相続人が遺留分権利者となるが、相続放棄の場合には代襲相続が発生しないため（887条2項）、遺留分権利者とはならない点には注意が必要である。

ステップＵＰ！　特別寄与料①

　被相続人に対して療養看護等の貢献をした者が相続財産から分配を受けることを認める制度として寄与分制度があるが、寄与分は相続人にのみ認められている（904条の2第1項）。

　このため、相続人でない者、例えば、相続人の配偶者が、被相続人の療養看護に努め、被相続人の財産の維持・増加に貢献しても、遺産分割手続において寄与分を主張したり、何らかの財産の分配を請求したりすることはできず、不公平であるとの批判があった。

兄弟姉妹
（遺留分なし）

事例

被相続人は未婚であり、配偶者も子もいない。両親もすでに亡くなっている
が、兄Aと弟Bが存命である。被相続人が「自分の財産のすべてを友人にす
べて譲る。」旨の遺言を残していた。この場合の遺留分権利者は誰で、個別
的遺留分はどのようなものになるか。

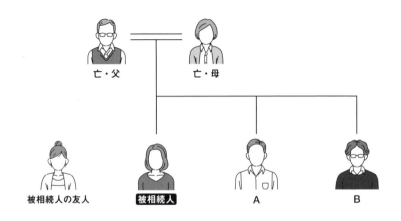

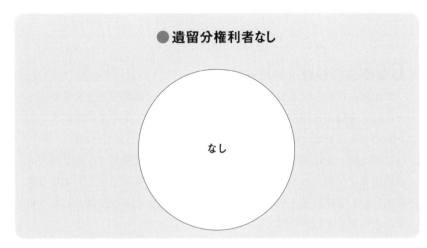

● **遺留分権利者なし**

なし

遺留分を有する相続人は、「兄弟姉妹以外の相続人」である（1042条1項）。

本パターンでは、被相続人の法定相続人はすべて兄弟姉妹であるため、遺留分権利者たる相続人は存在しないことになる。

⇒こちらもCHECK!

兄弟姉妹については、法定相続人であっても、遺留分権利者にはならない。

ステップＵＰ！　特別寄与料②

寄与貢献をした相続人以外の者の保護のためには、同人が被相続人との間で報酬を受ける旨の契約をすることや被相続人が遺贈すること、あるいは両者の間で養子縁組をすることなどの方法が考えられる。しかし、寄与貢献したものが、被相続人との間で、これらの方法をとることを依頼することが難しい場合も少なくなく、これらの手段のみによっては十分に対応することが困難であると思われる。

そこで、平成30年の民法の一部改正により、実質的公平を図る観点から、被相続人の療養看護等に尽くした者の貢献に報いるため、特別の寄与の制度が創設された。すなわち、療養看護等の貢献をした者は、遺産分割の当事者となることなく、遺産分割の手続外で、相続人に対し、その相続分に応じて金銭請求をすることが認められた（1050条）。

ビジュアル事例抄録

●子のみ（複数）3人

被相続人の配偶者はすでに亡くなっているが、子が3人（A・B・C）いる。

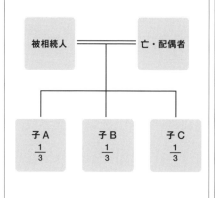

➡ パターン①

●子のみ（複数）4人

被相続人の配偶者はすでに亡くなっているが、子が4人（A・B・C・D）いる。

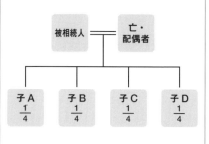

➡ パターン①

●子のみ（非嫡出子含む。複数）

被相続人の配偶者は亡くなっているが、子が2人いる（A・B）。また、被相続人には配偶者とは別の女性との間に子Cがいる。

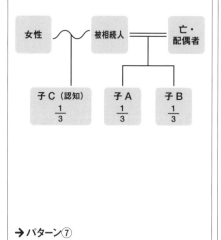

➡ パターン⑦

●直系尊属のみ（複数）①

被相続人には子も配偶者もいないが、両親（A・B）は健在である。

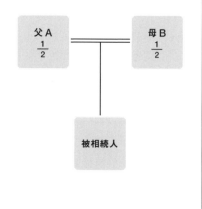

➡ パターン②

本文中で掲載しきれなかった事例をできる限り掲載しました。本文中の関連パターンも参照していますので、併せてお役立てください。

●直系尊属のみ（複数）②

被相続人には子も配偶者もいないが、父A、父方の祖父母（B・C）、母方の祖父母（D・E）は健在である。

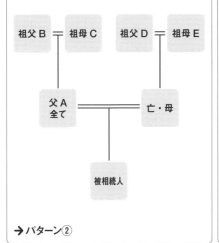

→パターン②

●直系尊属のみ（複数）③

被相続人には子も配偶者もおらず、両親も亡くなっているが、父方の祖父母（A・B）、母方の祖父母（C・D）は健在である。

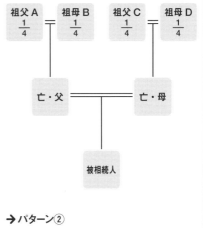

→パターン②

●直系尊属のみ（複数）④

被相続人には子も配偶者もおらず、両親も亡くなっているが、父方の祖父母（A・B）、母方の祖母Cは健在である。

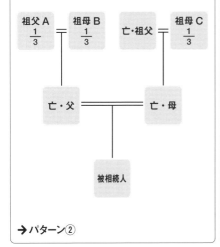

→パターン②

●直系尊属のみ（祖母・祖母）

被相続人には子も配偶者もおらず、両親も亡くなっているが、父方の祖母（A）、母方の祖母（B）は健在である。

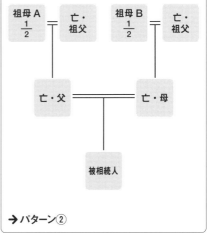

→パターン②

● 実親と養親（複数）

被相続人には養親が2名（A・B）いる。他方で、実親も2名（C・D）とも健在である。

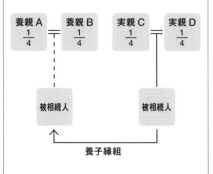

→パターン㉑

● 兄弟姉妹のみ（複数）

被相続人には子も配偶者もおらず、両親もなくなっているが、兄Aと妹Bが健在である。

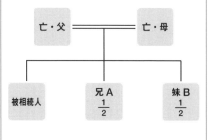

→パターン③

● 兄弟姉妹のみ（複数）3人

被相続人には配偶者も子もいない。また、両親はすでに亡くなっているが、兄Aと弟B、妹Cがいる。

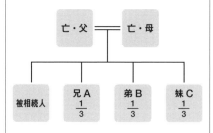

→パターン③

● 兄弟姉妹のみ（複数）4人

被相続人には配偶者も子もいない。また、両親はすでに亡くなっているが、兄Aと姉B、弟C、妹Dがいる。

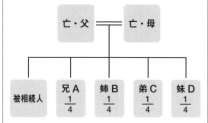

→パターン③

● 兄弟姉妹のみ（全血と半血）①

被相続人の両親はすでになくなっており、兄Aと弟Bがいる。ただし、兄Aは亡母の前夫との子であり、亡母と亡父が婚姻した後に養子にしている。

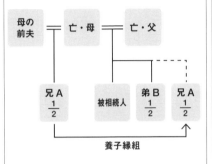

→ パターン⑮

● 兄弟姉妹のみ（全血と半血）②

被相続人には配偶者も子もいない。両親も亡くなっているが、兄Aと弟B、妹Cがいる。他方で、Aは被相続人の父と前妻との子である。

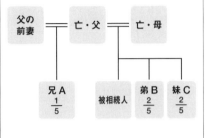

→ パターン⑮

● 配偶者と子2名

被相続人には子が2人（B・C）と配偶者Aがいる。

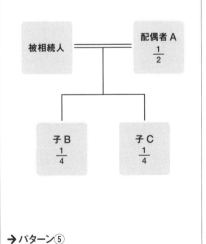

→ パターン⑤

● 配偶者と子3名

被相続人には子が3人（B・C・D）と配偶者Aがいる。

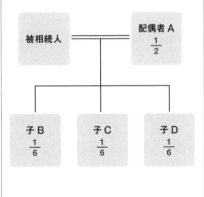

→ パターン⑤

● 配偶者と子と養子

被相続人には配偶者Aと子が2人（B・C）いる。他方で、被相続人は、Aと前婚の配偶者との子Dと養子縁組をしている。

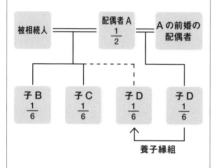

→ パターン⑤
→ パターン⑱

● 配偶者と子、前婚の配偶者との子

被相続人には配偶者Aと子Bがいる。また、前婚の配偶者との間に、子Cがいる。

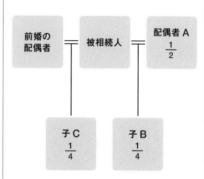

→ パターン⑦

● 配偶者と子と認知した子

被相続人には、配偶者Aと子が3人（B・C・D）いる。他方で、配偶者以外の女性との間にできた子Eを認知している。

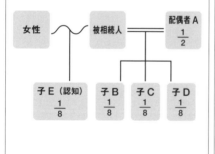

→ パターン⑥

● 配偶者と子と前妻の子（複数）

被相続人には配偶者Aと子が2名（B・C）いる。また、前妻との間の子が2名（D・E）いる。

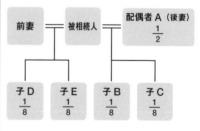

→ パターン⑦

● 配偶者と養子（複数）

被相続人には配偶者Aと養子が2人（B・C）いる。

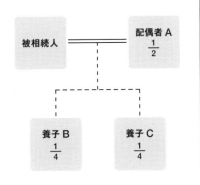

→ パターン⑤
→ パターン⑰

● 配偶者と実子と養子（複数）

被相続人には配偶者Aと実子B・C及び養子Dがいる。

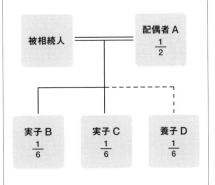

→ パターン⑤
→ パターン⑱

● 配偶者と子（相続放棄）①

被相続人には配偶者Aと子が2人（B・C）いる。他方で、両親（D・E）も健在である。子B・Cが2人とも相続放棄をした。

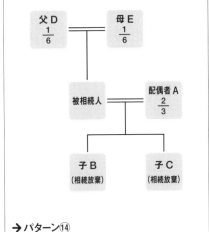

→ パターン⑭

● 配偶者と子（相続放棄）②

被相続人には配偶者Aと子が3人（B・C・D）いる。しかし、子Cが相続放棄をした。

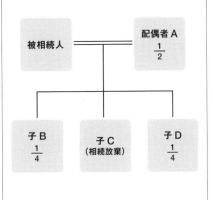

→ パターン⑬

● 配偶者と子（相続放棄）③

被相続人には配偶者Aと子が3人（B・C・D）いる。しかし、配偶者Aが相続放棄をした。

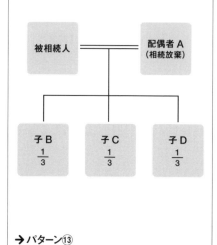

→ パターン⑬

● 配偶者と代襲相続人（複数）①

被相続人には配偶者Aがいるが、子Bはすでに亡くなっている。一方で亡・Bには、配偶者Cと子が2人（D・E）がいる。

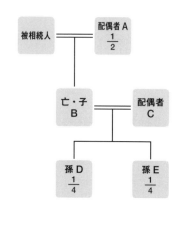

→ パターン㉔

● 配偶者と代襲相続人（複数）②

被相続人には配偶者Aがいる。子B・Cがいたが、両名ともすでに亡くなっており、それぞれの子（D・E）と（F・G・H）がいる。

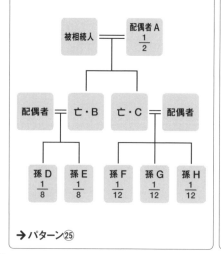

→ パターン㉕

● 配偶者と子と代襲相続人

被相続人には配偶者Aと子が2人（B・C）がいたが、Bはすでに亡くなっている。他方で、亡・Bには配偶者Dと子Eがいる。

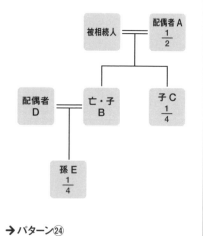

→ パターン㉔

● 配偶者と子と代襲相続人（複数）①

被相続人には配偶者Aと子が3人（B・C・D）がいたが、Bはすでに亡くなっている。他方で、Bには配偶者Eと子が2人（F・G）がいる。

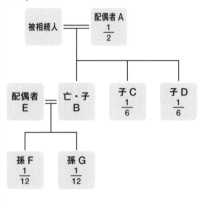

→ パターン㉔

● 配偶者と子と代襲相続人（複数）②

被相続人には配偶者と子が3人（A・B・C）いたが、配偶者とCはすでに亡くなっている。他方で、Cには、配偶者Dと子が3人（E・F・G）、養子が2人（H・I）いる。

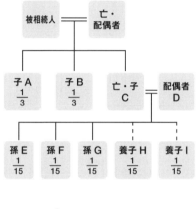

→ パターン㉔

● 配偶者と直系尊属（複数）①

被相続人には子はいないが、配偶者Aがおり、また両親（B・C）は健在である。

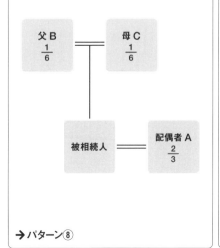

→ パターン⑧

● 配偶者と直系尊属（複数）②

被相続人には子はいないが、配偶者A、父B、父方の祖父母（C・D）、母方の祖父母（E・F）は健在である。

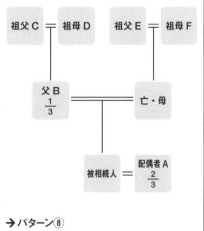

→ パターン⑧

● 配偶者と直系尊属（複数）③

被相続人には子はおらず、両親も亡くなっているが、配偶者A、父方の祖父母（B・C）、母方の祖父母（D・E）は健在である。

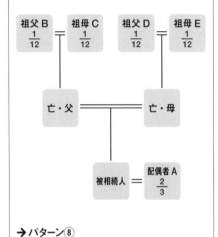

→ パターン⑧

● 配偶者と直系尊属（複数）④

被相続人には子はおらず、両親も亡くなっているが、配偶者A、父方の祖父母（B・C）、母方の祖母（D）は健在である。

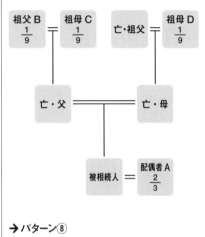

→ パターン⑧

● 配偶者と兄弟姉妹（複数）①

被相続人には子はいないが、配偶者Aがおり、また両親はすでに亡くなっているが、妹Bと弟Cがいる。

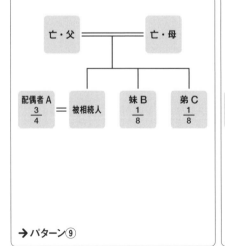

→ パターン⑨

● 配偶者と兄弟姉妹（複数）②

被相続人には子はいないが、配偶者Aがおり、また両親はすでに亡くなっているが、兄Bと妹Cと弟Dが3人いる。

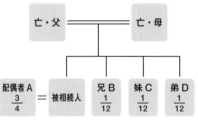

→ パターン⑨

● 配偶者と兄弟姉妹（複数）③

被相続人には子はいないが、配偶者Aがおり、また両親はすでに亡くなっているが、兄Bと姉Cと妹Dと弟Eがいる。

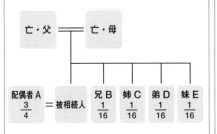

→パターン⑨

● 配偶者と兄弟姉妹（全血と半血）

被相続人には配偶者Aがいるが、子はいない。また、両親も亡くなっているが弟Bと妹C、妹Dはいる。なお、B・C・Dは、父と後妻との間の子である。

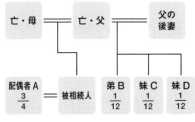

→パターン⑨

● 代襲相続人と再代襲相続人

被相続人の配偶者と子はすでに亡くなっている。子には子AとBがいるが、Bもすでに亡くなっている。他方で、Bには配偶者Cと子D・Eがいる。

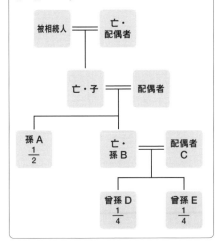

● 兄弟と兄弟の子（複数）

被相続人には子も配偶者もおらず、両親も亡くなっている。他方で、弟Aと妹Bがいたが、Bはすでに亡くなっており、その配偶者Cと子D及びEがいる。

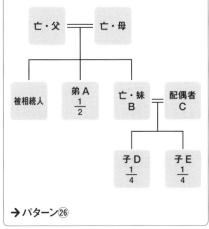

→パターン㉖

●遺留分・直系尊属のみ（複数）①

被相続人には子も配偶者もいないが、両親は健在である。被相続人が、すべての財産を第三者に遺贈した場合の遺留分はどのようなものになるか。

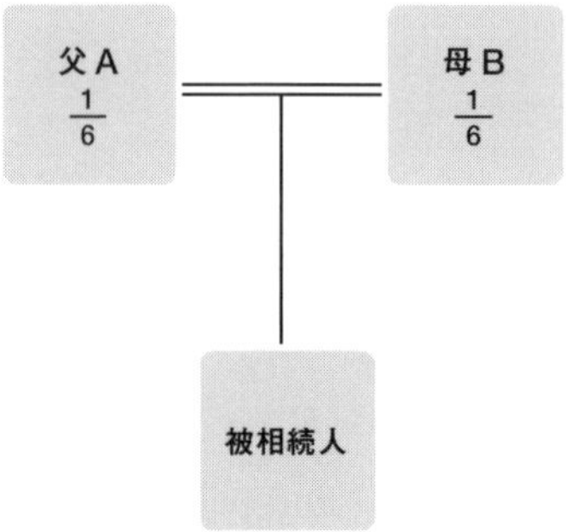

→パターン(51)

●遺留分・直系尊属のみ（複数）②

被相続人には子も配偶者もいないが、父方の祖父母（A・B）、母方の祖父母（C・D）は健在である。被相続人が、すべての財産を第三者に遺贈した場合の遺留分はどのようなものになるか。

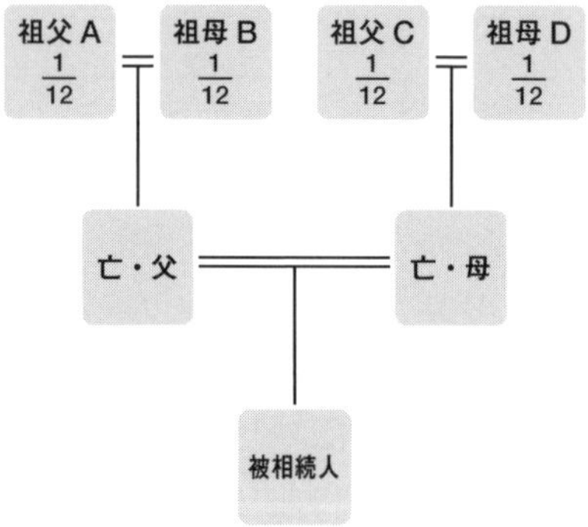

→パターン(51)

●遺留分・直系尊属のみ（複数）③

被相続人には子も配偶者もいないが、父方の祖父母（A・B）、母方の祖母Cは健在である。被相続人が、すべての財産を第三者に遺贈した場合の遺留分はどのようなものになるか。

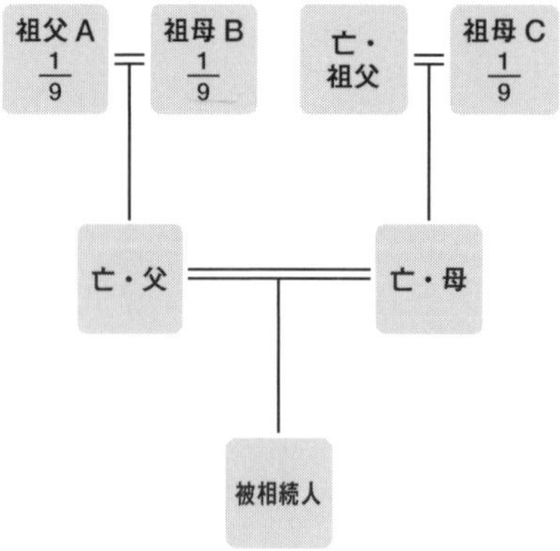

→パターン(51)

●遺留分・子のみ（複数）

被相続人には子が2人（A・B）いるが配偶者はすでに亡くなっている。被相続人が、すべての財産を第三者に遺贈した場合の遺留分はどのようなものになるか。

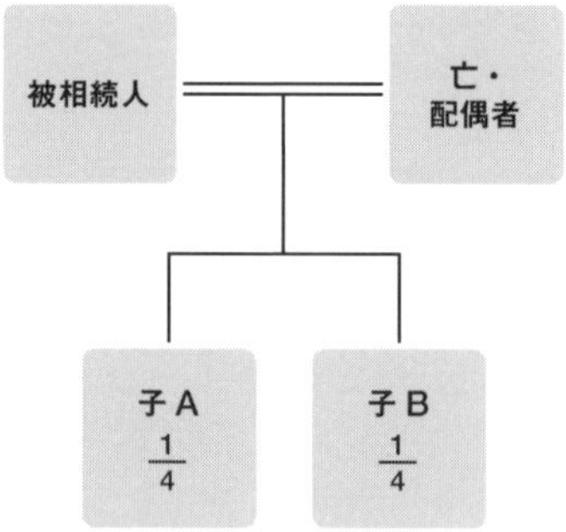

→パターン(53)

●遺留分・配偶者と直系尊属（複数）①

被相続人には子はいないが、配偶者がおり、また両親（B・C）は健在である。被相続人が、すべての財産を第三者に遺贈した場合の遺留分はどのようなものになるか。

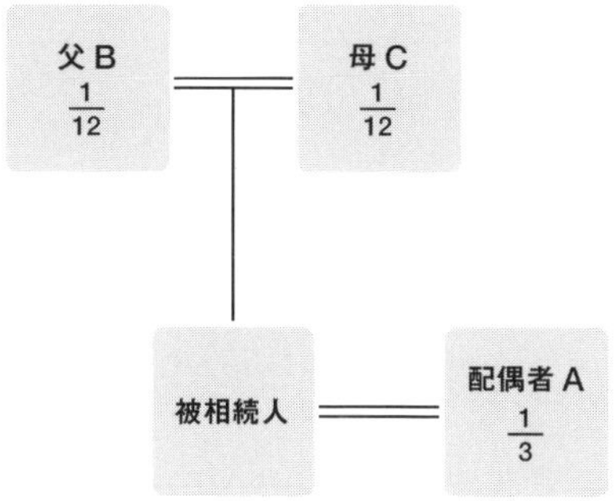

→パターン(55)

●遺留分・配偶者と直系尊属（複数）②

被相続人には子はいないが、配偶者Aがおり、父方の祖父母（B・C）、母方の祖父母（D・E）も健在である。被相続人が、すべての財産を第三者に遺贈した場合の遺留分はどのようなものになるか。

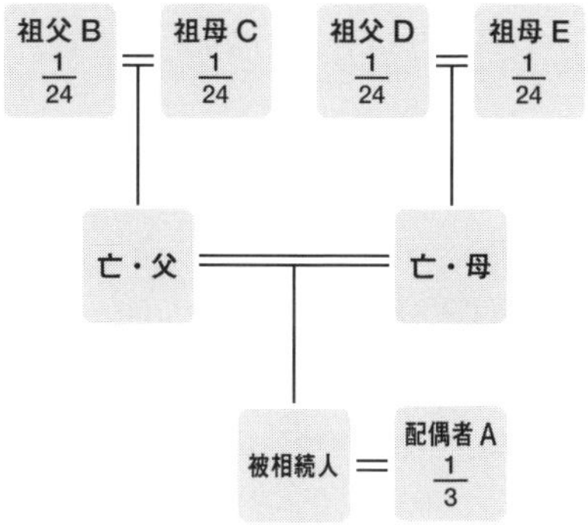

→パターン(55)

●遺留分・配偶者と子（複数）①

被相続人には子が2人（B・C）と配偶者Aがいる。被相続人が、すべての財産を第三者に遺贈した場合の遺留分はどのようなものになるか。

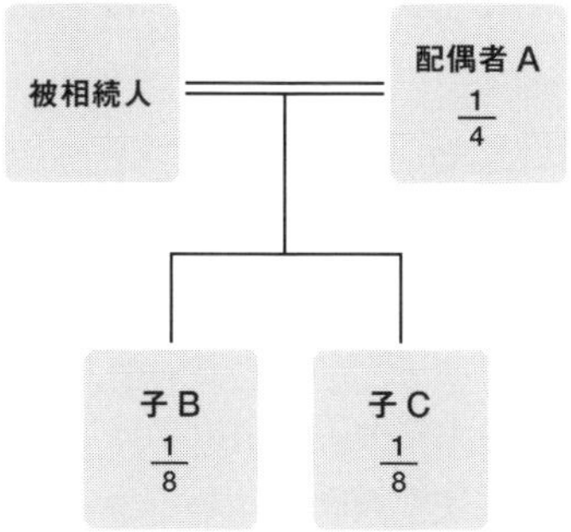

→パターン(54)

●遺留分・配偶者と子（複数）②

被相続人には子が3人（B・C・D）と配偶者Aがいる。被相続人が、すべての財産を第三者に遺贈した場合の遺留分はどのようなものになるか。

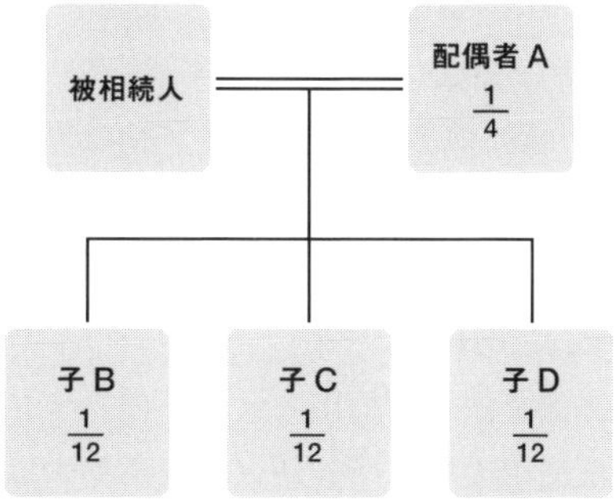

→パターン(54)

● 著者紹介

松原正明 （まつばら・まさあき）

昭和 54 年　裁判官任官

平成 26 年　横浜家庭裁判所部総括判事退官

平成 26 年から平成 31 年　早稲田大学大学院法務研究科教授

令和元年　弁護士登録（東京弁護士会）

〈主要著書〉

『全訂第 2 版　判例先例相続法Ⅰ〜Ⅲ』（日本加除出版、2022〜2023 年）

『実務人事訴訟法』（編著、勁草書房、2024 年）

浦木厚利 （うらき・あつとし）

昭和 60 年　裁判官任官

その後横浜地方裁判所、東京地方裁判所、仙台高等裁判所などで勤務

平成 26 年　横浜家庭裁判所家事部部総括判事

平成 29 年　東京高等裁判所民事部判事

平成 30 年　東京高等裁判所判事退官

令和元年　弁護士登録（東京弁護士会）

　　　　　税理士法人大手門会計東京事務所社員税理士登録（東京税理士会）

〈主要著書〉

『実務成年後見法』（編著、勁草書房、2020 年）

『一般条項の理論・実務・判例　第 1 巻基礎編　第 2 巻応用編』（編著、勁草書房、2023 年）

『実務人事訴訟法』（編著、勁草書房、2024 年）

太田和範 （おおた・かずのり）

弁護士法人早稲田大学リーガル・クリニック（東京弁護士会）

早稲田大学大学院法務研究科非常勤講師（臨床法学教育）

早稲田大学法学部卒業・同大学法科大学院修了

図解　法律相談ですぐ使える！
相続分・遺留分はやわかり

2024年 4 月23日　初版発行
2024年11月11日　　2 刷発行

著　者　　松原正明・浦木厚利・太田和範

発行者　　佐久間重嘉

発行所　　学陽書房

〒102-0072　東京都千代田区飯田橋 1-9-3
営業／電話　03-3261-1111　FAX　03-5211-3300
編集／電話　03-3261-1112　FAX　03-5211-3301
https://www.gakuyo.co.jp/

DTP 制作・印刷／精文堂印刷　製本／東京美術紙工
装丁／ LIKE A DESIGN（渡邉雄哉）
©M. Matsubara, A. Uraki, K. Ota 2024, Printed in Japan
乱丁・落丁本は、送料小社負担でお取り替え致します。
定価はカバーに表示しています。

ISBN 978-4-313-51203-0　C2032

モデル事例でわかる、遺産分割までの８ステップ！

相続法の基礎知識だけでなく、相続人との交渉のポイント、税務や登記を踏まえた総合的解決など、ノウハウを幅広くカバー！ 相続登記義務化の時代、実務家必携の１冊！

多数の相続人・疎遠な相続人との遺産分割

狩倉博之［著］
A5判並製／定価3,630円（10％税込）